現代社会と情報システム

室蘭工業大学現代情報学研究会

岡田吉史

小川祐紀雄

岸上順一

桑田喜隆

佐賀聡人

佐藤和彦

塩谷浩之

渡邉真也

著

朝倉書店

執筆者 (50音順)

岡田　吉史 (4章)

小川　祐紀雄 (1章, 6章)

岸上　順一 (10章)

桑田　喜隆 (9章)

佐賀　聡人 (3章, 8章)

佐藤　和彦 (2章)

塩谷　浩之 (7章)

渡邉　真也 (5章)

（　）は担当章.

まえがき

　本書は，理学および工学を勉強する学部生を対象に，情報技術の基礎を知ってもらうことを目的に書かれています.

　情報技術は「ドッグイヤー」であるといわれることがあります. 犬の 1 年は人間の約 7 年分に相当することから，情報技術が世の中の 7 倍の速度で進展していることを示しています. これは，情報技術が工学分野の中でも比較的新しく，進展が速いという理由もあります. しかし，半導体物性（理学）およびその微細加工技術（工学）などの発展速度に依る点が大きいと考えられます. 即ち，ムーアの法則に代表されるように，半導体の集積度が 18 ヶ月で 2 倍に向上し，10 年では 2 桁以上向上します. 半導体素子の微細化に伴い，その性能も指数関数的に向上してきています. これは他の技術分野では起こっていない現象です. 毎年新しい CPU が発表されるたびに性能は向上し，価格も安くなっています. これもムーアの法則とそれを支える研究者および技術者の努力のおかげです. ハードウェアの性能向上とともに，新しいアーキテクチャや新しいソフトウェア技術も次々と発表されています.

　近年で見れば，大学生のスマートフォンの利用率は 100% に迫るものがあります. 最初のスマートフォン iPhone が発売されたのが 2007 年ですから 10 年と少しで世界を制覇したといっても言い過ぎではないでしょう. 今日，情報技術を使わない日常生活は想像できません. 情報技術が私たちの生活や，社会のあり方をも変えてきたといえます. 今の 10 代は生まれたときから情報技術に触れており，デジタルネイティブと呼ばれることもあります. 情報技術を使いこなせることが当たり前に期待されています. 日常生活で情報技術を使いこなすのは当然ですが，理学者，工学者を目指すためには，情報技術をより深く理解し，効率的に使いこなすことが必須になっています. 情報分野が専門でないからといっても，情報技術を使わずに研究や技術開発を行うことはできません. より良く使いこなすためには，情報技術の基礎を学んでおくことが必要だと考えます.

　今後も情報技術は加速度的な発展を続けることが予想されます. これまで同様に次の 10 年間にも全く新しい情報技術が登場し続けます. デジタルネイティブ世代はもとより，全ての世代の人間に時代に即した進化が求められています. これまで述べたように，情報技術の進展は速いのですが，本書で述べられていることは，最新の情報技術を勉強するための基礎となる内容です. 本書を十分理解した上で，今後登場する新たな情報技術を勉強し続けて欲しいと願います.

　2020 年 3 月

室蘭工業大学情報教育センター　桑 田 喜 隆

目　　次

1

コンピュータの発展と社会の変化

　コンピュータは，処理の手順を示すプログラムを与えることで，科学計算や事務作業などの様々な用途のために情報を処理することができる汎用的な電子機器である．最初期のコンピュータの例はペンシルバニア大学の ENIAC（Electronic Numerical Integrator and Computer）であり，第2次世界大戦中の 1944 年に設計され，1945 年には弾道計算といった軍事目的のために秘密裏に利用され，1946 年に一般に公開された[1]．この ENIAC はプログラムの変更が可能な初期コンピュータの1つであり，モンテカルロ法（乱数を使って現象のモデルに対して大量の入力値を与え出力値を観測することで，その現象を確率的に解く方法）にも利用された[1]．このような様々な目的に利用できる汎用コンピュータは，ENIAC のような初期のコンピュータから進化を続け，さらに 1960 年代から始まるコンピュータネットワークの発展により，様々なコンピュータが相互に接続したコンピュータシステムとして動作するようになる．それに伴い，コンピュータの利用の主体は国家・学術機関，企業から個人へと広がり，コンピュータシステムは企業の経済活動の基盤，個人の生活の基盤，さらには社会の様々な基盤へと役割を広げている．本章では，このような発展を遂げたコンピュータシステムの役割を理解することを目的に，鍵となる技術と課題を概観する．

　以下，まず 1.1 節では，本章で扱うコンピュータの概要を説明し，1.2 節ではその性能向上について説明する．次に 1.3 節では初期の中心的な利用者である企業に焦点を当て，企業情報システムの変化を説明し，1.4 節では変化の帰結であるクラウドコンピューティングについて説明する．その後，1.5 節では利用者が個人に広がりインターネットがメディア化したこと，1.6 節では適用先が社会の基盤分野にまで広がっていることを取り上げる．そして，最後に今後の課題を述べる．参考として，図 1.1 に各節が対象とする年代を示す．

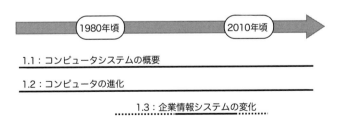

図 1.1　本章の各節が対象とする年代

1.1　コンピュータシステムの概要

　コンピュータは，企業から個人へ，基幹業務から一般事務，コミュニケーション，娯楽へと，適用先を拡大し続けている．本節では，図1.2を参照しながら，代表的なコンピュータとそのシステム構成を説明する．なお，コンピュータは様々な用途に利用できる汎用コンピュータと，特定の用途のための機能を備えた特定用途向けコンピュータとに分けられるが，本章では，単にコンピュータと称した場合は汎用コンピュータを指す．

1.1.1　代表的なコンピュータ

　本節では，本章で取り上げるコンピュータを示す．なお，これらの情報はIBM社の製品資料[2]，コンピュータ歴史博物館[3]，情報処理学会のコンピュータ情報[4] を参考にした．

a.　メインフレーム

　メインフレームとは，主に企業の基幹業務に導入された大型電子計算機であり，1952年にIBM社から発売された同社初の商用大型電子計算機IBM 701から始まるIBM社製メインフレーム，および，他のメーカの同様のコンピュータを指す．IBM社以外のメーカは，独自のハードウェアやコンピュータの制御を行う基本ソフトウェア（operating system (OS)）を備えたメインフレームを開発しつつも，その上で，IBM社のプログラムを動作可能にすることが多い．

b.　サ　ー　バ

　サーバとは，業務処理用などのプログラムやデータをネットワーク経由で他のコンピュータに提供する機能（サーバ機能）を備えたコンピュータであり，代表例は，次の共通的な仕様を持つコンピュータである．

- 1982年にSun Microsystems社から発売されたコンピュータなど，UNIXと呼ばれるOSやそれから派生したOSを備えたコンピュータ．
- Intel社のプロセッサやその互換プロセッサを備えたパーソナルコンピュータ（後述）と同様の設計のハードウェアを備えたコンピュータ．

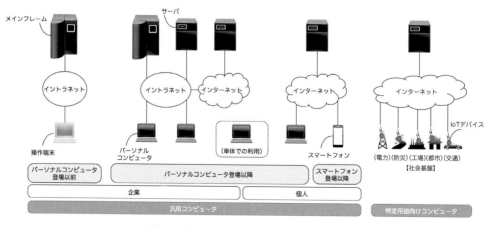

図 **1.2**　代表的なコンピュータシステムの構成

c. パーソナルコンピュータ

パーソナルコンピュータとは，個人が占有して利用するコンピュータのことであり，机上に設置するデスクトップ型，持ち運びのできるラップトップ型（ノートブック型ともいう）などがある．これらは，単体で利用するほか，サーバが提供するサービスを利用するコンピュータ（クライアント機能を備えるコンピュータ，略してクライアントと呼ぶ）としても利用される．

このパーソナルコンピュータは，1981 年に IBM 社から発表された IBM 5150 以降，Intel 社のプロセッサと Microsoft 社の OS といった共通的な仕様を備えたコンピュータなどを指す．1980 年代以降，他のメーカより，IBM 社のパーソナルコンピュータの複製品（互換機）が数多く発売されている．初期の互換機の例は，1982 年創業の Compaq 社から 1983 年に発表された Compaq Portable，1984 年創業の PC's Limited 社（後の Dell 社）から 1985 年に発表された Turbo PC などである．

d. スマートフォン

スマートフォンは，Apple 社の初代 iPhone の発表[5] に示されているように，カメラ付き携帯電話，音楽プレーヤ，電子メールやウェブ閲覧ができるインターネット通信の 3 つの機能を兼ね備えた手のひらサイズのコンピュータである．代表例は，次のデバイスである．

- Apple 社が 2007 年に発表をした Apple iPhone[5] とその後継機種．
- Google 社が 2008 年より開発するモバイル用 OS（Android[6]）を備えたモバイルデバイス．

1.1.2 コンピュータシステムの利用例

様々なコンピュータがネットワーク経由で相互に接続して情報の処理を行うシステムを，コンピュータシステムと呼ぶ．パーソナルコンピュータ，スマートフォンと，より小型で高性能なコンピュータが登場し普及するに従い，コンピュータシステムの利用が拡大したことから，その利用例を，企業と個人を対象に，(1) パーソナルコンピュータの登場・普及以前（1980 年頃以前），(2) パーソナルコンピュータの登場・普及以降（1980 年頃以降），(3) スマートフォンの登場・普及以降（2010 年頃以降）の 3 つに時期に分けて説明する．

a. パーソナルコンピュータの登場・普及以前の企業での利用

パーソナルコンピュータが普及を始める 1980 年代より前のコンピュータシステムの代表例は，メインフレームと操作端末をネットワークで接続したシステムである．このシステムは，企業の生産，販売，在庫の管理などの基幹業務に導入され，データフォーマットが決められたデータセットの一括処理や即時処理などに利用された．例えば，銀行の本店などに設置したメインフレームと，各支店に設置したテラー端末と呼ばれる操作端末を自社ネットワーク（イントラネット）で接続し，入出金データの読み書きなどの処理を行っていた．

b. パーソナルコンピュータの登場・普及以降の企業での利用

パーソナルコンピュータは 1980 年代以降に大きく普及し，企業情報システムへの適用が進んだ．この時期の企業情報システムを，(i) メインフレームを中心としたシステム，(ii) クライアント・サーバシステム，(iii) パーソナルコンピュータ単体，の 3 つに分類して整理する．

(i) メインフレームを中心としたシステム　以前と同じくメインフレームとその操作端末をネットワークで接続したシステムであるが，従来の操作端末の機能をソフトウェア化し，パーソナルコンピュータ上で稼働させている．従来同様，企業の基幹業務で利用されている．

(ii) クライアント・サーバシステム　　サーバからウェブ（文章閲覧）や電子メールなどの
サービスを提供し，クライアントであるパーソナルコンピュータからそのサービスを利用するシ
ステムである．このシステムでは，パーソナルコンピュータを次のような用途で利用する．

- 他社との取引などでの操作端末：注文情報，納期回答情報，出荷情報といった受発注データ，
  図面・仕様書，見積書などの見積もり時のデータなどを企業間で交換する．
- 社内コミュニケーションツール：電子メール，ウェブサイト上の掲示板，あるいは，それら
  の機能に加え，スケジュール管理，ファイル共有などの組織内連携機能一式を備えたコラボ
  レーションソフトウェア（グループウェアとも呼ぶ）を利用する．

(iii) パーソナルコンピュータ単体での利用　　パーソナルコンピュータ単体で作業を行うた
めの業務用ソフトウェアが多数提供されている．代表例にワープロ，表計算，プレゼンテーショ
ン，データベースなどのソフトウェアを含む「オフィススイート」と呼ばれる統合ソフトウェア
があり，これを利用して事務作業が行われるようになった．

c. パーソナルコンピュータの登場・普及以降の個人での利用

　企業情報システムへの適用と同時に，1980 年代以降には個人でのコンピュータの利用も広がっ
た．個人での主な用途は，企業での利用例と同じく，インターネット接続後にウェブを介した文
章閲覧，オンラインショッピング，電子メールなどを利用したコミュニケーション，あるいは，
パーソナルコンピュータ単体を利用したドキュメント作成などである．

　ウェブサイト上のオンラインショッピングで有名な Amazon.com 社は 1994 年に創業されてお
り，オンラインマーケットの楽天市場は 1997 年に開設された．同時に，1990 年代から 2000 年
代にかけて，一般家庭向けに新しいインターネット接続サービスが提供されるようになる．例え
ば，ケーブルテレビ用回線を用いた接続サービス（cable television (CATV)），加入者電話回線を
用いた接続サービス（digital subscriber line (DSL)），光ファイバを使った接続サービス（fiber
to the home (FTTH)）であり，インターネット接続の低価格化と高速化が進んだ．この動きと
関連しながら，個人でのコンピュータの利用が拡大していった．

d. スマートフォンの登場・普及以降の個人での利用

　個人でのコンピュータの利用は，2010 年代のスマートフォンの普及に従ってさらに拡大し，ウェ
ブや電子メールなどのインターネット上のサービスに対して，パーソナルコンピュータではなく，
スマートフォンをクライアントとしてアクセスするようになっていく．スマートフォンは，誕生
時より電話と音楽プレーヤという機能に基づくコンセプトを備えており，そのコンセプトは，常
時インターネット接続できることで，次の用途に向けて強化されている．

- コミュニケーション：電子メール，ショートメッセージの交換，ウェブサイトを利用した情
  報交換などを行う．
- 娯楽：インターネット経由で配信された音楽，写真，動画といったマルチメディアを楽しむ．

1.1.3 IoT デバイス

　これまでに説明した汎用コンピュータとは異なり，ある特定の用途のシステムに組み込まれ，
そのシステムの目的の実現のための専用機能を備えた「組み込みシステム」（embedded system）
を，特定用途向けコンピュータと呼ぶ．この特定用途向けコンピュータは，テレビ，オーディオ，

冷蔵庫，電子レンジ，エアコンといった家庭用電化製品，治療や予防を行うための医療用機器，建設機械や農業機械などの産業用機械，自動車・交通システム，工場やビルの制御システム，電気，ガス，水道などのライフライン，防災のためのシステムなど，社会の様々な基盤に幅広く組み込まれている．

　この特定用途向けコンピュータからネットワーク（インターネット）経由で，それらが組み込まれた社会基盤の情報を収集し，そのシステムの効率的な制御を可能にしようとするコンセプトを「モノのインターネット」（Internet of Things (IoT)）と呼ぶ．2010 年ごろ以降より特定用途向けコンピュータ向けの通信規格などの整備が進んできたことから，このコンセプトを実現する特定用途向けコンピュータが増加しつつある．本章では，このようなネットワーク接続機能を備えた特定用途向けコンピュータを IoT デバイスと呼ぶ．

1.2　コンピュータの進化

本節では，コンピュータシステムを進化させた計算能力と通信性能の向上について説明する．

1.2.1　コンピュータの計算能力の向上

　中央処理装置（central processing unit (CPU)）は，プログラムに記述された命令を実行する回路であり，コンピュータの計算能力を決める主要な部品である．CPU は集積回路（integrated circuit (IC)）の 1 つであるが，集積回路の計算能力に関して，ゴードン・ムーア（後の半導体メーカ Intel 社の設立者の 1 人）の 1965 年の予測「集積回路上の電子部品（トランジスタ）の数は 1 年ごとに約 2 倍になる（後に「2 年ごと」に修正されている）」[9) は「ムーアの法則」として知られ，コンピュータの計算能力の向上を説明するガイドとして利用される．

　歴代の CPU について，図 1.3 に，1971 年の最初期の製品からのトランジスタ数，クロック周波数，熱設計電力の相対的な変化を示す[7)．クロック周波数と熱設計電力は，それぞれ処理速度と消費電力の目安である．この図に示されるように，CPU はムーアの法則の通りの指数関数的な

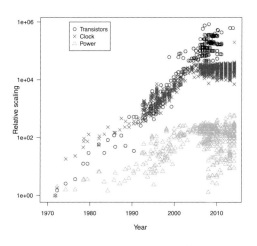

図 1.3　CPU の性能の進化[7)

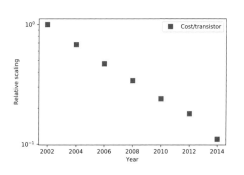

図 1.4　CPU のトランジスタあたりの製造コストの推移[8)

処理性能の向上を達成してきた．一方で，消費電力の増加率は処理性能の増加率よりはるかに小さく，これは，性能あたりの CPU のランニングコストが年々減少していることを意味する．また，図 1.4 に，CPU のトランジスタあたりの製造コストが，2002 年から 2014 年にかけて 1/10 ほどに低下していることを示している．このような CPU の性能向上とコスト低下を含む多くの技術革新の結果，例えば，

- 1976 年発表の IBM 社のメインフレーム System/370 Model 148 は，1 MB または 2 MB のメインメモリを備え，販売価格はそれぞれ 689,000 米ドルまたは 859,000 米ドルであった[10]．
- 2007 年発表の Apple 社のスマートフォン iPhone は 128 MB のメインメモリを備え，販売価格は 4 GB または 8 GB のストレージモデルがそれぞれ 499 米ドルまたは 599 米ドルであった[5]．

というように，1980 年頃のメインフレームの計算能力を 2010 年頃にはスマートフォンが備え，かつては大企業しか所有できなかったコンピュータを広く個人が所有するようになった．

1.2.2　コンピュータの通信性能の向上とインターネットの拡大

　コンピュータの性能の進化と同時に，コンピュータからコンピュータへとデータ転送を行うネットワークの性能も進化し，一度により多くのデータ量を転送できるようになった．代表的なネットワークの通信プロトコル（通信の手順）であるイーサネットについて，標準規格の推移を図 1.5 に示す．この図は，コンピュータの通信インタフェースの速度，およびそれらの間を接続する屋内外の有線ネットワークの速度が指数関数的に増加していることを示している．

　このような通信ネットワークの大容量化に伴いより遠方のコンピュータがネットワークで接続されるようになり，このコンピュータを相互接続したネットワークは 1970 年代以降，世界にまたがるインターネットとして発展した．その結果，インターネットに接続してサービスを提供するサーバは図 1.6 に示すように急激に増加していった．

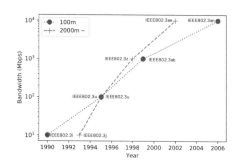

図 1.5　イーサネット標準規格の推移[11]

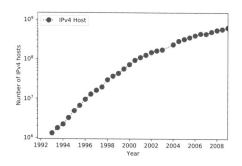

図 1.6　インターネット上のサーバ数（IPv4）の推移[12]

1.3　企業情報システムの変化

　企業では，IBM 社パーソナルコンピュータの互換機の普及により，1990 年代以降 1 人 1 台といわれるまでに利用が拡大したが，それに伴いコンピュータ管理の効率化が必要とされるように

なる．そこで，本節ではパーソナルコンピュータ普及以降の企業情報システムに焦点を当て，その変化について説明する．

1.3.1 パーソナルコンピュータの統合管理

a. 情報管理の必要性の高まり

オフィススイートなどを利用して事務作業を行うようになった結果，企業へのパーソナルコンピュータの導入が進むほど，オフィスなどのデータセンタ以外の場所で生成，保有されるデータ量が大きく増加していく．このため，企業では情報管理の必要性が高まっていくが，その内容を(i) 情報の可用性，(ii) 情報セキュリティ，(iii) 情報の有効活用の 3 つの観点から説明する．

(i) 情報の可用性 情報の可用性とは，必要なときに情報を利用できることを意味する．データはパーソナルコンピュータの中のハードディスクドライブに格納されているが，ハードディスクドライブは故障しやすい部品であり，データのバックアップが必須である．

(ii) 情報セキュリティ パーソナルコンピュータは各オフィスに設置されているため，情報管理者からの管理が行き届きにくいことが多い．一方，情報漏洩が発生すれば企業イメージが失墜するなど，情報セキュリティが守られないと企業に大きな被害が発生する．

(iii) 情報の有効活用 オフィスの電子ファイルには業務に関するノウハウが蓄積されているが，個々のパーソナルコンピュータで管理されていると共有されにくい．そのような情報の活用を促すために，他の従業員が利用しやすくする仕組みが必要である．

b. パーソナルコンピュータのデータのデータセンタへの集約

企業では，情報管理の必要性から，パーソナルコンピュータに分散している個人の電子ファイルをデータセンタに集約して一括管理するようになる．データセンタへの集約は，(i) ファイルサーバ，(ii) シンクライアント，(iii) コラボレーションソフトウェア，などのクライアント・サーバシステムにより実現され，ネットワーク性能の向上に伴い導入されていく．このようなデータ集約に伴うパーソナルコンピュータ単体の利用からクライアント・サーバシステムへの移行は，図1.7 に示すように当初は企業内で進み，後述する外部サービスの拡充に伴い次第に外部サービスを組み合わせて行われるようになる．

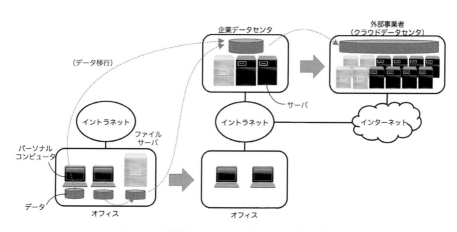

図 1.7 企業情報システムにおけるデータ統合の進展

(i)　ファイルサーバの利用　　ファイルサーバとは，ネットワークを経由してファイル共有サービスを提供するサーバであり，NAS（network-attached storage）などを利用して実現される．このファイルサーバに，プロジェクトなどで共同利用するファイルを格納し一括して管理する．ファイルサーバは導入当初は部署ごとなどに設置されたが，企業全体としてファイルサーバの数が増加したため，管理効率化に向けデータセンタに集約されていった．

(ii)　シンクライアントの利用　　シンクライアント（thin client）とは，ファットクライアント（fat client, 様々なアプリケーションやデータを格納した通常のパーソナルコンピュータ）と対比した用語であり，シンクライアントと呼ぶパーソナルコンピュータには OS などの最小限のソフトウェアしか搭載していない．利用者は，シンクライアントを起動した後はデータセンタのサーバにアクセスして，業務用プログラムやデータを利用する．

(iii)　コラボレーションソフトウェアの利用　　コラボレーションソフトウェアは，ウェブサイトを介したチーム内の共同作業の効率化，情報共有のためのソフトウェアであり，掲示板などのコミュニケーション機能，スケジュール管理機能などが含まれており，ファイル共有機能も提供されている．

1.3.2　外部サービスの利用の拡大

　企業情報システムは，自社所有部分に外部の事業者のサービスを組み合わせて構築される．企業では，外部事業者のサービスメニュー拡充に従い，外部サービスの利用部分を増やしていく．

a.　外部サービスの利用形態

　外部サービスの利用部分は，図 1.8 に示すように，データセンタとオフィスを接続する広域の企業ネットワーク（イントラネット），データセンタの 2 ヶ所に大きくは分かれる．

(i)　広域ネットワーク　　初期の外部サービス利用時には，企業はルータなどのネットワーク機器を自社で用意し，建物間を 1 対 1 で接続する回線を通信事業者から借りてイントラネットを構築していた．その後，通信事業者から複数の建物をまとめて接続する広域ネットワークサービスが提供されるようになると，イントラネット全体について通信事業者のサービスを利用するようになる．

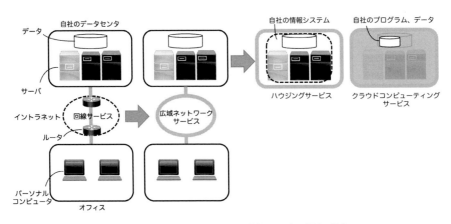

図 1.8　企業情報システムにおける外部サービス利用の拡大

(ii) データセンタ　　自前でデータセンタを所有することが経済的に難しい中小企業から，次のような外部サービスを利用するようになる．この傾向は，企業における情報システムの所有から利用への流れを進めることになり，次節で説明するクラウドコンピューティングへの利用へとつながっていく．

- ハウジングサービス（コロケーションサービス）：事業者のデータセンタに自社のサーバを設置する．このデータセンタは，耐震性，防火・防水性を考慮した建物内に，無停電電源や空調，ネットワーク機器などの設備を備えている．
- ウェブホスティングサービス：事業者からウェブサーバを借り，企業の利用するウェブサイトを立ち上げる．企業はウェブサイトで利用するプログラムやデータのみ所有する．
- データバックアップサービス：事業者に，バックアップデータを格納した磁気テープや光ディスクの保管を委託する．あるいは，サービス提供者の遠隔サイトにネットワーク経由でデータをバックアップする．

b.　外部サービス利用の判断基準

外部サービスの利用の判断基準は，主に次の3点で企業経営を合理化できるかによる．

(i) 情報システムの構築・運用コストの削減　　企業情報システムを全て自前で構築するには多大な費用が発生し，また，巨大システムほど維持のための人員が必要となる．そこで，自社のビジネスとの関連の小さい部分を外部事業者に委託し，コストの削減を図る．

(ii) 情報システムの構築期間の短縮　　情報システムの設計から構築までを自社で行うためには多くの時間を要するが，すでに外部の事業者から提供されているサービスを利用すれば，より早く情報システムを構築できる．それにより，ビジネス展開速度を早めることができる．

(iii) 情報システム向けガイドラインへの対応　　情報システムの構築や運用では，安全対策，セキュリティなどに関する次のようなガイドラインを満たすことが必要だが，外部サービスの利用で準拠が容易になる．

- 設置の基準：防災・防犯対策など，情報システムを設置する建物やコンピュータ室の環境．
- 技術の基準：情報システムの満たすべきハードウェアやソフトウェアの仕様．
- 運用の基準：情報システムの管理体制の構築，運用者の教育など．

1.4　クラウドコンピューティング

クラウドコンピューティング（cloud computing）とは，計算資源をインターネット経由で利用する仕組みのことである．計算資源とは，コンピュータが持っているデータやプログラム，それらを処理するプロセッサや保存する記憶領域などを指す．これらの計算資源はデータセンタに設置されており，このデータセンタやその中の計算資源をクラウドと呼ぶ．また，クラウドコンピューティングによって提供されるサービスをクラウドコンピューティングサービス（略してクラウドサービス）と呼ぶ．企業などの利用者は，計算資源を買い取らず，使用時間に応じた料金のサービスとして利用する．

クラウドサービスの代表例には，次のサービスがある．

- Salesforce.com：Salesforce.com 社が提供する企業向けの顧客管理サービス．1999 年に設立，

サービス開始.

- Amazon Web Services：Amazon.com 社が提供するクラウドサービス．同社がオンライン ショッピングサイト用のコンピュータシステムの技術を基に，2006 年にサービスを開始.
- Google Cloud Platform：Google 社が提供するクラウドサービス．始まりは，2008 年の Google App Engine（ウェブアプリケーション開発環境）の提供.
- Microsoft Azure：Microsoft 社が提供するクラウドサービス．2010 年にサービス開始.

これらは，クラウドサービス事業者からあらゆる企業や一般の利用者に向けて広く提供されており，ここでの計算資源はパブリッククラウドと呼ばれる．これに対して，企業内で同様の技術を使って構築され，企業内の利用者のみに向けてサービスを提供するクラウドはプライベートクラウドと呼ばれるが，本章では，クラウドとはパブリッククラウドを指すこととする．本節では，このクラウドコンピューティングの特徴と課題について概観する.

1.4.1　クラウドコンピューティングにおけるコンピュータの特徴

クラウドにおけるコンピュータの特徴は，抽象化されて拡張性に優れる点にある.

(iv)　リソースプール　　クラウドコンピューティングでは，物理的なコンピュータの集合をリソースプールとして扱う．ここでの物理的なコンピュータとは，サーバ装置と，サーバ装置が連携するストレージ装置やネットワーク装置も含み，リソースプールとは，これらの装置を一括して管理し，集合として扱う仕組みである．クラウド事業者は，「オンデマンド」で（コンピュータの利用者から利用要求があったときに）利用者からの要求量に応じた「コンピュータ」を，リソースプールから切り出して割り当てる（図 1.9）．この「コンピュータ」は抽象化された（仮想的な）コンピュータであり，CPU 性能やメモリ量，記憶容量，ネットワーク帯域といった性能量を指定して規定される.

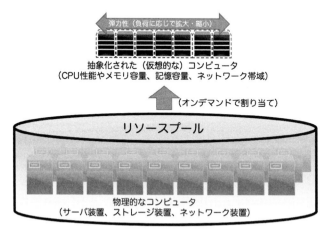

図 1.9　リソースプール

(v)　弾力性　　リソースプールから切り出されたコンピュータの特徴の 1 つに「弾力性」（elasticity）がある[13]．これは，利用者の要求する作業の負荷が時間変動するときに，その負荷に合わせてコンピュータの性能量を拡大・縮小できることをいう．図 1.10(a) に示すように，性

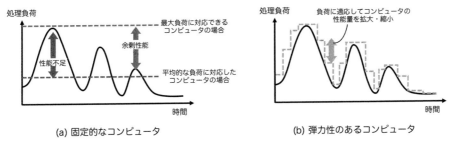

図 1.10 クラウドコンピューティングの弾力性

能量が固定された従来のコンピュータの場合，作業負荷が時間変動する場合に，負荷のピーク値を処理できる性能量のコンピュータを用意すると，ピーク以外の時間では無駄が発生してしまう．一方，平均的な作業負荷に合わせてコンピュータの性能量を用意した場合，ピークの時間帯では性能不足の状況が発生してしまう．それに対し，図 1.10(b) に示すように，リソースプールから切り出された弾力性のあるコンピュータの場合，作業負荷の時間変化に合わせてコンピュータの性能量を変化させれば，性能余剰や性能不足を発生させることはない．

1.4.2 クラウドサービスの分類

コンピュータ上のアプリケーションを利用するためには，(1) コンピュータの設置環境，(2) コンピュータ，(3) アプリケーションの開発環境，(4) アプリケーションの各要素が必要になる．利用者に対してネットワーク経由で (2)(3)(4) を提供するサービスを，それぞれ「サービスとしてのインフラストラクチャ」(Infrastructure as a Service (IaaS))，「サービスとしてのプラットフォーム」(Platform as a Service (PaaS))，「サービスとしてのソフトウェア」(Software as a Service (SaaS)) と呼ぶ[14]．インフラストラクチャとは基盤としてのコンピュータシステム，プラットフォームとはウェブアプリケーションの開発実行環境，ソフトウェアとはウェブなどのアプリケーションを指している．これらのサービスの事業者と利用者の関係を図 1.11 にまとめる[13]．SaaS 事業者は自分でコンピュータを用意しても良いが，IaaS 事業者や PaaS 事業者からサービスを受けることもある．以下，それぞれのサービス内容を説明する．

(vi) コンピュータの提供サービス（IaaS） コンピュータとは，前節で説明した弾力性のある仮想的なコンピュータのことである．利用者は，OS の種類，CPU 性能，メモリ容量，ストレージ容量などを指定してコンピュータを利用し，コンピュータの利用時間に応じた料金を支払う．利用者は，このコンピュータの実現の仕組みや設置環境を考慮する必要はない．これは，電気を利用するときに実際にどのように作られているのかを考慮しないことと同じであることか

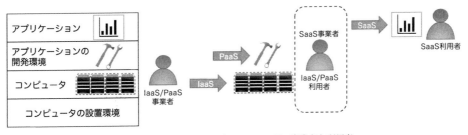

図 1.11 クラウドコンピューティングの事業者と利用者

ら，ユーティリティコンピューティング（utility computing（utility とは電気などの公共サービスを指す））と呼ばれることもある[13]．

(vii)　アプリケーション開発環境の提供サービス（PaaS）　　アプリケーションの開発環境とはウェブアプリケーションの開発に必要なプログラミング言語，ライブラリ，データベース，開発用ツールなどのことであり，ウェブアプリケーションの作成，テスト，サービス開始，管理，更新などに必要な一式を提供する．ウェブアプリケーションを開発する利用者に向けたサービスであり，自分でアプリケーション開発環境を準備したり，管理したりする必要はない．

(viii)　アプリケーションの提供サービス（SaaS）　　ネットワーク経由でアプリケーションを提供するサービスであり，ユーザはパーソナルコンピュータやスマートフォンのウェブブラウザなどを利用してアクセスする．電子メール，メッセージング，スケジュール帳，掲示板などコラボレーションソフトウェアを始め，様々なアプリケーションが提供されている．このとき，利用者はアプリケーションの管理などを気にする必要はない．

1.4.3　企業によるクラウドサービスの利用

企業に焦点をおき，クラウドサービスの利用形態，利用の判断基準を説明する．

a.　クラウドサービスの利用形態

企業がそれまで自社で利用していたアプリケーションをクラウドコンピューティングを利用したシステム環境に移行する場合には，次の 2 通りの移行方法がある．

(i)　アプリケーションを提供サービスに置き換える場合　　それまで自社で利用していたアプリケーションの利用を中止し，SaaS 事業者の提供する類似のアプリケーションに置き換える方法である．企業は，図 1.11 の SaaS 利用者に相当する．この方法は，電子メールやコラボレーションなどのコミュニケーション用アプリケーションのように，企業の独自性が少ないアプリケーションに適用されやすい．

(ii)　アプリケーションを継続して使用する場合　　自社で利用していたアプリケーションを継続して利用する場合は，IaaS/PaaS 事業者からサービス提供されたコンピュータ上に自社利用アプリケーションを移行する．企業は，図 1.11 の IaaS/PaaS 利用者兼 SaaS 事業者に相当する．この方法は，自社開発アプリケーションを使って他社や顧客との取引を行っている場合など，自社のビジネスに直結した独自性の強いアプリケーションに適用されやすい．

b.　クラウドサービス利用の判断基準

クラウドサービス利用の条件として，クラウドデータセンタからネットワーク経由でサービスを利用するため，まず，ネットワークの可用性，性能，セキュリティ，コストなどが考慮される．このネットワークの条件を満たした上で，クラウドサービスの利用判断基準には，前節で説明した外部サービス利用の判断基準に加えて，クラウドサービスや事業者のサービス提供方法の特徴に関する判断基準が加わる．これを以下に説明する．

(i)　情報システムの構築・運用コストの削減　　クラウドサービス利用の場合，コンピュータやアプリケーションシステムの購入や構築，維持管理のコストが不要になり，その時々の使用時間に応じたコストを支払うことになる．クラウドサービス事業者は大量の物理的なコンピュータを保有し運用の自動化を進めているので，各企業が個別に運用する場合より低コストで実施で

きることが多く，その結果，より低いサービス料金に設定されることが多い．

　また，従来，企業のコンピュータは図 1.10(a) のようにピーク値に合わせた固定的な利用であったため多くの無駄が発生していたが，クラウド上の弾力性のあるコンピュータを利用した場合，図 1.10(b) のように無駄が発生しにくくなりコスト削減につながる．

　(ii)　情報システムの構築期間の短縮　　IaaS では，操作画面上でマウスを数回クリックすればオンデマンドでコンピュータが割り当てられるので，コンピュータが利用可能になるまでの時間が大幅に短縮される．また，PaaS では，開発用の様々なライブラリや手本となるベストプラクティスが提供されているので，アプリケーションの開発期間を短縮することが可能になる．これらにより，企業は情報システム構築期間を短縮でき，ビジネスの展開を速められる．

　(iii)　情報システム向けガイドラインへの対応　　金融機関など厳格な情報管理が要求される企業の情報システムに対して，次のようなガイドラインが発行されている．

- ISO/IEC 27000 シリーズ：国際標準化機関が策定する情報セキュリティに関する規格．
- PCI DSS：クレジットカード業界の国際的なセキュリティ基準．
- FISC 安全対策基準：日本国内の金融機関に向けたコンピュータシステムの安全対策基準

従来，金融機関などでは，このようなガイドラインへの準拠のために情報システムを自社で運用することが多かった．一方，クラウドサービス事業者は各国の各種ガイドラインへの対応を進め，厳しい情報管理が必要な情報システムのクラウドへの移行を促している[15, 16]．

　(iv)　グローバルなビジネス展開への対応　　大規模なクラウドサービス事業者は，すでに世界各地にデータセンタを所有している．企業がグローバルにビジネスを展開する際には，その地域からアクセスしやすく，その地域の法律に対応した情報システムが必要となるが，クラウドサービス事業者のデータセンタを利用することでビジネス展開を速めることができる．

　(v)　最新のコンピュータシステム環境の利用　　従来，企業が自社で情報システムを構築・運用する場合，システムの更改は数年に一度のため，一度構築した情報システムを数年間は使い続ける必要があった．一方，クラウドサービスを利用している場合は，随時最新のコンピュータや情報技術が提供される．

　c.　クラウドサービス事業者をパートナとすることのリスク

　企業が，クラウドサービスを利用して自社の情報システムを運用することは，そのクラウドサービス事業者をビジネスパートナとすることに他ならないが，クラウドサービス事業者の信頼性に対する懸念があるため[17, 18]，クラウドサービス利用の判断では，以下の内容も考慮される．

- ガバナンスの委譲：クラウドサービス事業者に自社のプログラムやデータの管理を委ねることにリスクがないとは言い切れない．また，契約の履行，自社データの扱いなどを確認することが難しい場合がある．
- ベンダロックイン（vendor lock-in）：クラウドサービス事業者のシステムや技術に自社の情報システムが依存してしまい，他の事業者への乗り換えが困難になることがある．また，その結果，そのサービス事業者の状況に自社の経営が左右されうる．
- 性能・障害・セキュリティ：余剰性能の少ない状態でコンピュータを利用するため，処理負荷が急激に変化すると一時的に性能不足に陥る恐れがある．また，大量の情報システムが共存するため，障害が大規模化しやすい．さらに，著名なクラウドサービス事業者ほど外部か

らの攻撃対象になりやすい.

1.5　メディアとしてのインターネット

　コンピュータの情報処理の対象は文字から画像,音声,動画へと拡大し,クラウドからインターネットを通じて提供される情報の内容(コンテンツ)は従来,新聞,雑誌,ラジオ,テレビなどの他のメディアが提供していたコンテンツを包含するようになっていった.1980 年代以降のパーソナルコンピュータの普及により個人でのインターネット接続が進んで,インターネットをメディアとして利用する流れが始まり,2010 年代以降のスマートフォンの普及により広く一般の個人がインターネットに常時接続するようになって,この流れをさらに押し進めた.本節では,このインターネットのメディアとしての活用について説明する.

1.5.1　ウェブシステムの概要

　メディアとしての利用はウェブ(World Wide Web (WWW))システムにより実現されている.これは,図 1.12 に示すように,HTTP (HyperText Transfer Protocol) と呼ばれる通信プロトコルを用いて,パーソナルコンピュータやスマートフォン上のウェブブラウザからウェブサーバに対して HTTP リクエストを送信してウェブページを要求し,ウェブサーバはウェブブラウザに対して HTTP レスポンスを返信してウェブページを送ることによる.
　ウェブページとは HTML (HyperText Markup Language, ハイパーテキストを記述する言語)を使って書かれた文書ファイルであり,書式付きのテキストや画像ファイルなどからなる.ハイパーテキストとは,他の文書へのリンクを埋め込んだ文書のことであり,リンクをたどることで,文書から文書へと新しい文書に移動していくことが可能になる.ウェブページを使って様々な表示を行うために HTML の仕様の改定が続けられてきたが,2014 年に標準仕様として勧告された第 5 バージョン(HTML5)では,それまでプラグイン(機能拡張プログラム)の使用を前提として提供されていた音声ファイルや動画ファイルをプラグインなしで利用する機能が追加された.これにより,HTML5 に対応したウェブブラウザであれば,その種類やプラグインの有無に依存することなく,映像,音声,文字データを組み合わせたマルチメディアコンテンツを表示できる

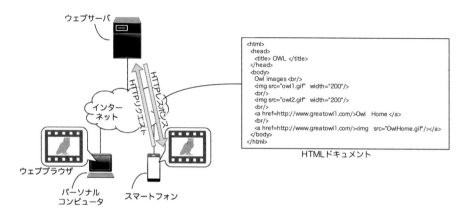

図 1.12　ウェブシステムの概要

ようになった.

1.5.2 インターネットのメディアとしての特徴

ウェブシステムをベースにインターネットを利用して情報発信や情報交換を可能にするメディアを,ここではソーシャルメディアと呼ぶ.代表的なソーシャルメディアを以下に挙げる.

- Facebook:ユーザが関心事,経験,活動などの情報を公開し,ユーザ間の交流を促すウェブサイト.2004 年サービス開始.
- YouTube:ユーザがビデオを投稿して公開するウェブサイト.2005 年サービス開始.
- Instagram:ユーザが写真を投稿して公開するウェブサイト.2010 年サービス開始.
- Twitter:ユーザが,短い文章で意見などを書き込むウェブサイト.2006 年サービス開始.

これらのソーシャルメディアの特徴と課題を説明する.

a. ソーシャルメディアの特徴

ソーシャルメディアの既存のメディアと比較した特徴を表 1.1 に示し,次に説明する.スマートフォンなどの機能とインターネットの特徴を最大限に生かしたメディアといえる.

- マルチメディアコンテンツ:スマートフォンが標準でカメラ機能を備えていることからも,画像や動画を含むマルチメディアを対象としている.
- 個人からの情報発信が容易:既存メディアは専門組織が発信していたのに対し,ソーシャルメディアは個人として誰もが参加できる.
- 双方向性:既存メディアのように専門組織から一般の個人への 1 方向の情報発信でなく,個人のコンテンツに対して他者が評価を行うといったように,双方向性が強い.
- グローバル・リアルタイム:インターネットに接続している地域であれば世界中どこへでも,ほぼリアルタイムで情報を伝達できる.

表 1.1 ソーシャルメディアの特徴

	コンテンツ形式	情報発信の容易さ	発信方向	到達範囲	到達時間
新聞	文字,画像	難	1 方向	国	1– 数日
雑誌	文字,画像	難	1 方向	国	数日 –
ラジオ	音声	難	1 方向	国	即時
テレビ	動画	難	1 方向/双方向	国	即時
ソーシャルメディア	文字,画像,動画	易	双方向	世界	即時

b. ユーザ作成コンテンツにおける双方向性

ソーシャルメディア上のコンテンツのように,ウェブサイトの提供者ではなく,ウェブサイトのユーザ(ウェブサイトを利用するユーザコミュニティ)が作り上げていくコンテンツを user-generated content(UGC)と呼んだりする.このユーザ作成コンテンツの双方向性のあり方は,各ソーシャルメディアによって異なる.以下,代表的な双方向性について説明する[19].

(i) コンテンツの評価 あるユーザが作成したコンテンツを他のユーザが評価するしくみは多くのソーシャルメディアで取り入れられており,次のような評価方法がある.

- 点数付け:コンテンツに対して点数をつける.1 段階評価:「いいね!」,2 段階評価:「高く評価/低く評価」,5 段階評価などがある.
- コメント:コンテンツに対する自分の意見を文章で書き込む.

- 登録：コンテンツ作成ユーザを登録する．ユーザに対しそのユーザの作成コンテンツの定期購読を表明することになる．
- 違反の報告：ソーシャルメディアのルールや利用規約に違反している可能性のあるコンテンツを，ソーシャルメディアの管理者に報告する．

(ii)　コンテンツの修正　コメント削除など，他のユーザが作成したコンテンツの修正については，ユーザは報告を行うのみで，修正の判断と実施はソーシャルメディアの管理者が行うことが多い．ただし，ソーシャルメディアによっては，ユーザに対し，他のユーザが作成したコンテンツを修正する権限を与えている場合もある．例えば，YouTube では，動画のコメントの削除権限を，コメントの投稿者だけでなく動画番組の所有者にも与えている．

c.　インターネット上のコンテンツの削除

ソーシャルメディアをはじめとして，インターネット上のコンテンツは容易には消えないという特徴がある．これは，ウェブサーバ上のコンテンツがインターネット上の様々な場所にコピーされて存在し続けることによる．このため，個人情報が一度インターネット上で公開されるとそのまま情報が公開され続けることになり，プライバシー保護の観点から問題になっている．そのため，次のいずれかの方法で問題コンテンツの公開を中止することが必要になる．

- コンテンツ自体の削除：コンテンツを公開しているウェブサーバに置かれているコンテンツそのものを削除すること．
- コンテンツへのリンクの削除：検索サービスサイトの検索結果にコンテンツへのリンクが表示されないようにし，ウェブサーバ上のコンテンツがアクセスされないようにすること．

問題コンテンツに対する根本的な対策は本来，コンテンツ自体を削除することであるが，例えば，2014 年に欧州司法裁判所は，検索サービス事業者に対して，個人が検索結果から自分の情報のリンクの削除を求めることができるとの判決を出している[20]．インターネット上のメディアのプライバシー保護のあり方，サービス事業者の管理責任と対象範囲，それを実現するコンピュータの仕組みに関する議論は今後も継続して行われる必要がある．

1.6　社会基盤のスマート化

本節では，この社会の様々なシステムから情報を集め効率化を実現しようとする IoT システムの適用例，IoT 用コンピュータである IoT デバイスの特徴と課題について説明する．なお，本節では，IoT が対象とする社会の様々な基盤をまとめて社会基盤システムと呼ぶ．

1.6.1　IoT システムの構成と適用例

IoT システムの構成を図 1.13 に示す．IoT デバイスは，自動車やビルディングなどの制御や管理を行う社会基盤システムに組み込まれており，この社会基盤システムから情報を収集し，インターネット経由でサーバに送信する．サーバでは，社会基盤システムを効率化するための様々な分析を行い，適宜 IoT デバイスに制御指示を返す．IoT デバイスは，スマートフォンのように直接インターネットにする場合と，ゲートウェイと呼ばれるインターネット接続機能を備えた装置にアクセスする場合がある．センサデバイスなどの限られた機能しか持たない機器は，後者の形

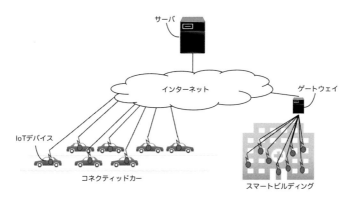

図 1.13 IoT システムの構成

態となることが多い。このIoTシステムは，次のような例をはじめとして，社会の様々な分野に適用が進められている[21]。

- スマートグリッド：電力の使用量の計測自動化や，電力の需要と供給のバランス調整などを行い，エネルギー管理を効率化する。
- スマートホーム，スマートビルディング：照明機器，エアコンなどの制御を行うことで省電力化を実現し，また，ドア・入退室管理によりセキュリティを強化する。
- スマート農業，食品トレーサビリティ：湿度，温度，照度などの環境データを収集し，農作物の生育を管理する。また，食品に管理用タグを付与し，生産，流通，加工，販売の各段階の流通経路を追跡できるようにする。
- ヘルスケア：歩数，脈拍，体温などの体調データを収集し，また，遠隔診療などを行うことで医療の省力化，高度化を実現する。
- コネクティッドカー：自動車の位置情報を把握することで盗難車の追跡を行い，走行中の速度やブレーキ情報を収集することで保険料の最適化を行う。

1.6.2 センサデバイスの特徴

IoT デバイスには様々な種類のデバイスが含まれるが，周囲の環境情報などを計測できるセンサデバイスは代表的な IoT デバイスであり，上記の IoT システム適用例でも利用されることが多い。このようなセンサデバイスは，汎用コンピュータと比較して CPU 性能やメモリ容量などのリソースが限られていることの他，次のような機能的な特徴がある。

(i) バッテリ駆動 センサデバイスは，農作物の生育管理など電源供給が難しいエリアで利用されることも多く，このような場合はバッテリで駆動する。バッテリ交換をなくすため，太陽光，振動，熱などのエネルギーを電力に変換して充電する環境充電（energy harvesting）機能を備えているデバイスもある。

(ii) 低消費電力通信 センサデバイスは利用可能な電力量が限られていることから，無線通信で消費する電力を抑制することが求められる。センサデバイス向けの低消費電力かつ低転送データレートの無線通信規格に Bluetooth や ZigBee があるが，これらの通信距離は数十 m であるため，屋内などの限られた範囲内で利用するか，あるいは無線の通信距離を伸ばすために複数のデバイスをリレーさせていくことが必要であった。そこで，新たに LPWA（Low Power Wide

Area）と呼ばれる無線通信規格が登場した．この通信規格はスマートフォンで利用するモバイルネットワーク相当の通信距離を持つ一方で，デバイスの信号受信レートを抑えスリープ時間を増やすことで消費電力の低減を実現している．

1.6.3　IoT システムの課題

IoT デバイスが汎用コンピュータ同様にネットワーク接続することにより，汎用コンピュータ同様の問題が発生している．セキュリティおよびプライバシーの問題である．

(iii)　セキュリティ　　IoT におけるセキュリティ障害では，Mirai と呼ばれるマルウェア（悪意のあるコンピュータプログラム）の事例[22]がよく知られている．これは，2016 年の 10 月に，あるインターネット上のドメイン名を管理するプロバイダが Mirai によって乗っ取られたボットネット（悪意のあるコンピュータプログラムに乗っ取られて相互接続された多数のコンピュータ）から分散型サービス妨害攻撃（distributed denial-of-service (DDoS) attack，大量のデバイスからサーバなどに過剰な負荷をかけることでサービスを妨害する攻撃）を受けたことにより，Twitter や Netflix などの数百のウェブサイトが数時間にわたりダウンしたという障害である．このとき攻撃に利用されたのは IP カメラなどの約 400,000 個の IoT デバイスであり，これらのパスワード管理が十分でなかったことにより発生した．

(iv)　プライバシー　　プライバシーに関しては，利便性とのトレードオフの問題がある．例えば，運転中の自動車の位置情報の利用に関する例がある．走行中の自動車の位置情報を収集することで，詳細な混雑情報などの道路情報サービスや，より合理的な保険サービスを提供できるようになるが，位置情報は個人のプライバシーに関わる情報であるためサービス実現に必要な情報以外は保護される必要がある．

おわりに

1940 年代に始まるコンピュータは進化を続け，企業情報システムの形や企業のビジネスのあり方を変え，個人のコミュニケーションの方法や情報メディアのあり方を変え，そして，交通システムなど社会の基盤を変えようとしている．ただし，本章で説明したこれらのコンピュータの役割は，主に人間の作業の代行である．それに対し，今後は「人工知能」と呼ばれるように，人間の判断の代行をするかもしれない．ある判断について，誰が責任を持ち，コンピュータはどのような機能を提供すべきなのか，継続して議論を行っていく必要がある．

演　習　問　題

1）IBM 社の互換機を始めとするパーソナルコンピュータの特徴に当てはまらない説明を選べ．
 a）Intel 社のプロセッサを搭載する．
 b）Microsoft 社の OS で稼働する．
 c）Google 社が開発する OS（Android[6]）を搭載する．
 d）互換機の販売からスタートした有名なメーカに Dell 社がある．
2）1970 年以降のコンピュータの急激な進化の特徴と合致しない内容を選べ．
 a）CPU の処理能力が指数関数的に増加した．

b) コンピュータの通信速度が指数関数的に増加した.

c) OSのプログラムのステップ数（規模）が低下した.

d) CPUのトランジスタあたりの製造コストが低下した.

3) クラウドサービス事業者がサービスメニューで直接提供していない内容はどれか.

a) コンピュータを設置する建物.

b) 仮想的なコンピュータ.

c) アプリケーションの開発環境.

d) アプリケーション.

4) クラウドコンピューティングの特徴に当てはまらない説明はどれか.

a) 物理的なコンピュータの集合を，リソースプールとして一括管理，制御する.

b) 仮想的なコンピュータの性能を拡大，縮小することができる.

c) ネットワーク経由でサービスを提供する.

d) 利用者は，サービス事業者から物理的なコンピュータを買い取って利用する.

5) ソーシャルメディアに関する特徴として不適当なものはどれか.

a) コンテンツがコピーされても，全コピー先から削除する機能やルールが整備されている.

b) 個人から世界に向けて情報発信ができる.

c) 送信者が発信したコンテンツに対して，受信者は評価やコメントを追加できる.

d) リアルタイム（インターネットがデータを伝達する速度）で情報を届けることができる.

6) IoTシステムの課題として適切ではない説明はどれか.

a) バッテリ駆動の場合は，必要な電力を小さくすることが重要である.

b) ネットワークに接続することはないので，機能を絞りコストを削減することが重要である.

c) ネットワークに接続するため，外部からの攻撃を防ぐセキュリティ対策が重要である.

d) 人間の生活に関する情報を扱う場合は，プライバシーへの配慮が重要である.

文　　献

1) H. Neukom, The second life of ENIAC. *IEEE Annals of the History of Computing*, vol. 28, pp. 4–16, Apr. 2006.

2) IBM, IBM Archives. `https://www.ibm.com/ibm/history/`. accessed Aug. 20, 2019.

3) Computer History Museum. `https://www.computerhistory.org`. accessed Aug. 20, 2019.

4) 情報処理学会, コンピュータ博物館. `http://museum.ipsj.or.jp/index.html`, May 2003. accessed Aug. 20, 2019.

5) Apple, Apple Reinvents the Phone with iPhone. `https://www.apple.com/newsroom/2007/01/09Apple-Reinvents-the-Phone-with-iPhone/`, Jan. 2007. accessed Aug. 20, 2019.

6) Google, Android. `https://android.com`. accessed Aug. 20, 2019.

7) A. Danowitz, K. Kelley, J. Mao, J. P. Stevenson and M. Horowitz, CPU DB: Recording microprocessor history. *Commun. ACM*, vol. 55, pp. 55–63, Apr. 2012.

8) K. Flamm, Has Moore's law been repealed? an economist's perspective. *Computing in Science Engineering*, vol. 19, pp. 29–40, Mar. 2017.

9) G. Strawn and C. Strawn, Moore's law at fifty. *IT Professional*, vol. 17, pp. 69–72, Nov. 2015.

10) IBM, System/370 model 148. `https://www.ibm.com/ibm/history/exhibits/mainframe/mainframe_PP3148.html`. accessed Aug. 20, 2019.

11) IEEE 802.3 Ethernet Working Group. `http://www.ieee802.org/3/`. accessed Aug. 20, 2019.

12) Internet Systems Consortium, Internet Domain Survey. `https://www.isc.org/survey/`. accessed Aug. 20, 2019.

13) M. Armbrust, A. Fox, R. Griffith, A. D. Joseph, R. H. Katz, A. Konwinski, G. Lee, D. A. Patterson, A. Rabkin, I. Stoica and M. Zaharia, Above the clouds: A berkeley view of cloud computing. *Technical Report of EECS Department, University of California, Berkeley*, Feb. 2009.

14) P. M. Mell and T. Grance, Sp 800-145. the NIST definition of cloud computing. tech. rep., Gaithersburg, MD, United States, Sept. 2011.

15) AWS, コンプライアンスプログラム. `https://aws.amazon.com/jp/compliance/programs/`. accessed Sep. 20, 2019.

16) Microsoft, Azure コンプライアンス. `https://azure.microsoft.com/ja-jp/overview/trusted-cloud/compliance/`. accessed Sep. 20, 2019.

17) T. Weil, Taking compliance to the cloud—using ISO standards (tools and techniques). *IT Professional*, vol. 20, pp. 20–30, Nov. 2018.

18) J. Aikat, A. Akella, J. S. Chase, A. Juels, M. K. Reiter, T. Ristenpart, V. Sekar and M. Swift, Rethinking security in the era of cloud computing. *IEEE Security Privacy*, vol. 15, pp. 60–69, June 2017.

19) F. Schwagereit, A. Scherp and S. Staab, Survey on governance of user-generated content in web communities. in *Proceedings of the 3rd International Web Science Conference*, WebSci '11, (New York, NY, USA), pp. 13:1–13:7, ACM, June 2011.

20) K. O'Hara, The right to be forgotten: The good, the bad, and the ugly. *IEEE Internet Computing*, vol. 19, pp. 73–79, July 2015.

21) 総務省, 情報通信白書. `http://www.soumu.go.jp/johotsusintokei/whitepaper/index.html`, July 2019. accessed Aug. 20, 2019.

22) C. Kolias, G. Kambourakis, A. Stavrou and J. Voas, DDoS in the IoT: Mirai and other botnets. *Computer*, vol. 50, pp. 80–84, July 2017.

2

現代の情報化社会

　情報化社会という言葉がある．本章では，社会やそこで扱われてきた情報，情報を扱うための情報機器について，過去から情報化社会と呼ばれる現代までの変化をふり返りながら情報産業の現状について述べる．さらに，今日の暮らしの中で利用されている情報システムについて学生にとって身近なところを例に挙げて，そのしくみについて紹介する．

2.1　社会の変化と情報産業の現状

2.1.1　情報の変化

　辞書に掲載されている「情報」という言葉は3つの意味で定義されている．1つ目は，あるものごとの内容や事情についての「知らせ」であり，事象や事物などの対象について知り得たことを意味する．2つ目は，文字や数字などの記号によって伝達され，受け手に何らかの「知識」をもたらすもののことであり，相手に「知識」を伝え共有する手段としての意味合いから「言語」と言い換えても良い概念を表す．3つ目は，生体が働くために用いられている指令や信号のことであり，身体を制御する生体シグナルや，遺伝子などを指す意味となる．本書で扱う情報は主として2つ目の意味が中心となる．

　行政における戸籍情報やビジネスにおける流通や取引に関する情報など，社会の営みの中で扱われる情報の多くは旧来は紙の資料としてファイリングされ，管理，保管されていた．扱う情報の量に比例して管理されるファイルの数も膨大となり，保管するための空間の維持にかかるコストは人々の活動の大きな負担となっていた．

　1970年代にパーソナルコンピュータ（以下，パソコン）がビジネス分野で活用され始めると，これまで紙で扱われてきた情報はコンピュータの中の情報（データ）として管理されるようになり，膨大な空間を必要とした保管庫からファイルが消え，物理的な空間を必要としない，電子的な情報として管理されるようになった．いわゆる「電子化」の時代である．この電子化によって，あらゆる情報がコンピュータ上で管理されるようになった．さらには，1件1件個別に管理されてきた情報を集約されたデータベースとして扱うことによって，従来，手作業的に行われてきた検索や統計といったデータ処理がすべてコンピュータ上で簡単に行えるようになり，時間的なコスト削減も実現された（図2.1, 図2.2）．

　さらに1990年代後半に入りインターネットが広く世間一般に普及を遂げると，行政やビジネス，学術など限られた分野で利用されてきたコンピュータが，人々の暮らしの中で当たり前のように利用されるようになった．それと同時に，コンピュータの形態も大きな進化を遂げ，今日で

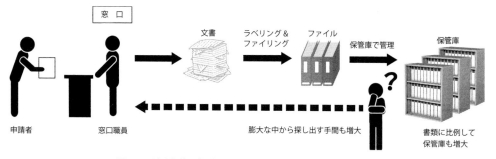

図 2.1　電子化前の役所での住民票の登録（写しの交付）の例

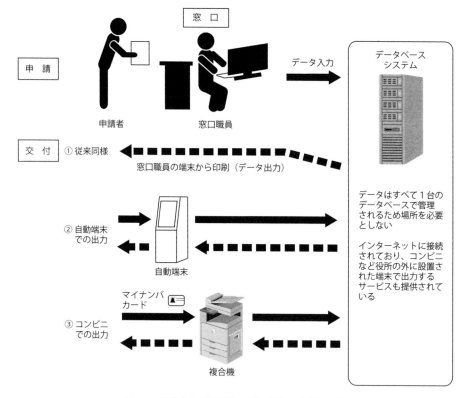

図 2.2　電子化後の住民票の登録（写しの交付）の例

は机前に座ってパソコンを起動しなくとも，携帯電話やスマートフォンからインターネットを利用していつでもどこでも必要な情報を検索し利用することができる．また，音声による通話だけでなく，文字や映像などコミュニケーション手段も多様化している．さらに，YouTube などの動画配信サービスや Instagram などのソーシャル・ネットワークサービス（SNS）の登場によって，個人間のコミュニケーションだけでなく世界中のユーザに個人が情報を発信することも可能となった．

　一般の人々の生活のあらゆる場面にコンピュータが利用され，インターネットによって情報がやり取りされることが当たり前になってきた今日の社会を我々は「情報化社会」と呼んでいる．

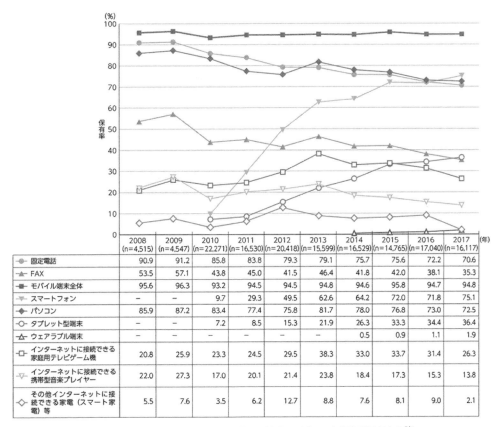

図 2.3 情報通信機器の世帯保有率の推移（出典：平成 30 年版情報通信白書[2]）

	2008 (n=4,515)	2009 (n=4,547)	2010 (n=22,271)	2011 (n=16,530)	2012 (n=20,418)	2013 (n=15,599)	2014 (n=16,529)	2015 (n=14,765)	2016 (n=17,040)	2017 (n=16,117)
固定電話	90.9	91.2	85.8	83.8	79.3	79.1	75.7	75.6	72.2	70.6
FAX	53.5	57.1	43.8	45.0	41.5	46.4	41.8	42.0	38.1	35.3
モバイル端末全体	95.6	96.3	93.2	94.5	94.5	94.8	94.6	95.8	94.7	94.8
スマートフォン	–	–	9.7	29.3	49.5	62.6	64.2	72.0	71.8	75.1
パソコン	85.9	87.2	83.4	77.4	75.8	81.7	78.0	76.8	73.0	72.5
タブレット型端末	–	–	7.2	8.5	15.3	21.9	26.3	33.3	34.4	36.4
ウェアラブル端末	–	–	–	–	–	–	0.5	0.9	1.1	1.9
インターネットに接続できる家庭用テレビゲーム機	20.8	25.9	23.3	24.5	29.5	38.3	33.0	33.7	31.4	26.3
インターネットに接続できる携帯型音楽プレイヤー	22.0	27.3	17.0	20.1	21.4	23.8	18.4	17.3	15.3	13.8
その他インターネットに接続できる家電（スマート家電）等	5.5	7.6	3.5	6.2	12.7	8.8	7.6	8.1	9.0	2.1

2.1.2 情報通信機器の変化

　情報通信機器とは，通信機能を有した情報機器を指す言葉である．情報機器は，広い意味では人が扱う「情報」に触れることができる機器全般をいう．この広義の情報機器にはコピー機や，DVD プレイヤーなどの映像機器，情報通信機器にはラジオやテレビ，固定電話なども含まれる．しかし，現代では単に情報通信機器といえばコンピュータ，特にパソコンやスマートフォン，家庭用ゲーム機などを指していうことが多い．本書で取り扱う意味としては，情報機器とは，電子媒体としての情報（データ）を扱う機能を有するとともにそれを記録するメディアを有する機器を表すものとする．また，情報通信機器とは，インターネットに接続して情報をやり取りする機能を有した情報機器を表すものとする．このように，情報通信機器が表す機器の範囲を絞ってもなお，旧来から現代の情報化社会に社会が変化してきたことに合わせて，人々が利用する情報通信機器も時代時代で少しずつ形を変え，またその数も増加してきている．

　ビジネス用や家庭用を問わず広く利用される代表的な情報通信機器は，やはりパソコンである．卓上に据え置くデスクトップ型や持ち運びできるノートパソコンなどがあるが，ほとんどの場合，それらはインターネットに接続されて利用される．今日のパソコンはデータ通信端末としての役割が大きい．総務省の調べ[1]では，2000 年には世帯保有率が 5 割程度であったパソコンは，インターネットの普及に合わせて，2009 年にはおよそ 9 割の世帯が保有するに至った．

　このパソコンの伸びをはるかに超える勢いで普及した情報通信機器が，スマートフォンやタブレット PC といったいわゆるモバイル端末である．特にスマートフォンは，2010 年頃に登場し

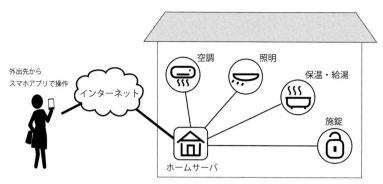

図 2.4　スマート家電の利用イメージ

早くも 2017 年には世帯保有率が 8 割に届くほど爆発的に世界中に普及した（図 2.3）．それ以前も携帯電話や PHS でインターネットに接続して Web サイトなどを見ることはできたが，あくまでパソコンをメインの情報通信機器と利用した上での補助的な意味合いが強かった．しかし，スマートフォンの登場以降，その便利さからそれまでパソコンを情報検索や情報交換程度にしか利用していなかったライトユーザがモバイル端末のみの利用に移行し，結果，パソコンの世帯保有率は 2010 年以降，緩やかな減少傾向が続いている．

　また，さらに今日では，家庭用の家電製品もインターネットに接続し，情報収集や遠隔制御などを可能とする製品が登場してきている．これらは「スマート家電」とも呼ばれている．家電の中でも，テレビは放送電波のデジタル化に合わせていち早く情報通信端末化し，視聴者がリモコン操作で情報発信するなどの利用が可能となっている．最近では，テレビ以外にも照明やエアコン，給湯器や冷蔵庫などもインターネットに接続され，外出先からスマートフォンのアプリを通して風呂の準備をしたり，室温の調整や電源管理などが行えるようになってきている（図 2.4）．また，インターネットに接続されるだけでなく，人工知能（AI）を搭載し，食材管理やレシピ提案，保存方法を教えてくれる機能を持ったスマート冷蔵庫なども登場している．

2.1.3　ソフトウェアの変化

　インターネットが普及する以前は，コンピュータ上で利用されるソフトウェアはあらかじめコンピュータに搭載された状態か，CD などの記録媒体に保存され，操作マニュアルとともにパッケージされた状態で販売されていた．

　1990 年代後半にインターネットが普及すると，ソフトウェアはインターネット上で公開され，必要に応じてダウンロードして入手し，自分のコンピュータにインストールして利用する形態に次第に移行していった．2010 年代にはパッケージ製品はほとんど見られなくなり，オンラインでの販売，配布が主流となった．

　インターネット上から必要なソフトウェアをユーザ自身が探し出して利用することが容易になった結果，企業だけでなく個人のプログラマによるソフトウェアがインターネット上に数多く公開された．特に，課金をせずに無償で使用可能なフリーウェアと呼ばれるソフトウェアが爆発的に普及することとなった．

　一方で，ユーザがお金を支払って利用する有償ソフトウェアも配布や利用の形が変化した．例えば，シェアウェアと呼ばれるソフトウェアは，試用期間を設けその間は無料で使用できたり，基

本機能は無料で使用できるが追加機能に課金が必要となる形態で提供されている.

　ソフトウェアを動作させるためのライセンスキーをソフトウェア本体とは別に販売し, インストール時に認証（アクティベーション）させる方法などが取られたが, ライセンスキーが不正に流布され利用されたり, 認証後の状態のソフトウェアを不正に配布する「海賊版」と呼ばれる違法ソフトウェアが販売されるなどの被害が相次いだ. そのため, 有償のソフトウェアはダウンロードする形でソフトウェアを配布するという簡便さを享受しながら, ユーザに確実に課金させる方法に苦慮することとなった.

　この問題に対して, 従来の売り切りの販売形態に代わって月単位, 年単位などで利用する権利を購入する新たなライセンス制（サブスクリプション）が導入された. この方式では, ソフトウェアを利用するコンピュータをライセンスに紐づけ登録する. ソフトウェアを起動するたびにメーカの認証サーバにアクセスして, 紐づけされたコンピュータでのみソフトウェアの起動許可を出すことで, 不正な利用を防ぐことが可能となった. ライセンス認証によるソフトウェアは, 当初は同じソフトウェアを複数のコンピュータで利用するような学校やオフィス向けのソフトウェアで導入されていたが, 最近では個人でもパソコンやスマートフォンなど複数の情報通信機器を利用するユーザが増えたことで, 個人ユーザ向けのソフトウェアでも広く利用が進んでいる. さらに近年では, ソフトウェアをコンピュータにインストールして利用するのではなく, オンライン上のベンダ（提供者）側の環境でソフトウェアを稼働させ, ユーザはネットワーク経由でソフトウェアを活用するクラウドコンピューティングと呼ばれる形態なども登場している.

コラム：クラウドコンピューティング

　クラウドコンピューティングとは, インターネットを経由してコンピュータ資源（リソース）をサービスの形で提供する利用形態である. 略して単にクラウドとも呼ばれる. クラウドコンピューティングでは, ソフトウェアだけでなく様々なレベルでリソースの利用が可能となっている. サービスとしてオンラインでソフトウェアが利用できるしくみは SaaS（Software as a Service, サービスとしてのソフトウェア）と呼ばれている. 従来からある有料の電子メールサービスやグループウェアなども, 現在はクラウドサービスとして扱われている. 他にも読者に身近なサービスを挙げると, Web 上にファイルなどを保存する領域（ストレージ）を借りて共有できるオンラインストレージサービスなどもクラウドの1つである. 有名なサービスに Dropbox や Google Drive がある.

　また, ソフトウェアが稼働するためのプログラム実行環境やデータベースなどをオンラインで提供する PaaS（Platform as a Service, サービスとしてのプラットフォーム）や, 情報システムの稼働に必要なサーバやハードディスク, ファイアウォールなどのハードウェア環境をインターネット上のサービスとして提供する IaaS（Infrastructure as a Service, サービスとしてのインフラ）などが存在する.

さらには，ソフトウェアのソースコードを無償で公開し，商用，非商用の目的を問わずに誰でも自由に利用，複製，改変，再配布が許されたオープンソースと呼ばれるソフトウェアも登場した．通常は開発者は完成品を販売，公開し，ソースコードは公開せず，改良などを許さない．これに対してオープンソースは，それを利用する個人や団体の努力や利益を遮ることをせず，世界中のプログラマが自由に開発に参加できる．また，自身が開発した別のプログラムに組み込むことも許される．こうして多くの開発者の手により常に進化を続けながら利用者を増やし広く普及していく形態となっており，現在広く普及しているソフトウェアの中にもオープンソースの形態で公開されているものも多い．代表的なものとしては，オペレーティングシステムの Linux や，データベース管理システムの MySQL，人工知能プログラミングで注目を集めているプログラミング言語の Python などがある．

　以上のように，ハードウェアごとに専用のソフトウェアが用意され，インストールされて初めて利用できるといった旧来の形態から，インターネット上に用意されたソフトウェアをユーザが必要に応じてアクセスし利用するといったサービス的な存在に，ソフトウェアはその形態を少しずつ変えながら進化してきている．

2.1.4　サービスの変化

情報社会の発展とともに，様々なサービスもまたネットワーク上で提供され始めた．

　初めに普及したのは情報発信サービスである．企業や行政のホームページが公開され，これまで広報誌や新聞，テレビ等で発信されていた情報をホームページ上で提供するサービスが始まった．電子メールを利用することで申請や問い合わせなどもネットワーク上で行えるようになり，さらにホームページ上でユーザが情報を入力し，登録できるようになるとそれらのサービスもすべてホームページ上でできるようになった．

　オンラインショッピングサービスも，広く普及したサービスの 1 つである．個々の店舗や企業が独自に通販ページを公開しているような形態から，Amazon や楽天など多くの商品を扱う総合ショッピングサイトなども登場した．顧客の購入ニーズが店舗からオンラインに大きく移行した分野も出始めている．特に書籍は，電子書籍の普及もあり，街角から多くの書店が姿を消す要因となった．また，音楽分野でもネット配信が普及したことで街の CD ショップが減少傾向にある．

　情報発信やショッピングのサービスは，従来，役所の窓口や店舗に行くことで受けていたサービスを，そこに足を運ばずともインターネット上から受けられるようにしたものである．このようなサービスは，他にもチケット販売や電子地図，翻訳サービスなど数多く提供されている．

　一方で，現実にあるサービスをインターネットに適用したもの以外にも，インターネットの特性を活かして独自に発展したサービスも多く存在する．

　中でも，情報検索サービスは最も普及したものの 1 つである．初期の情報検索サービスは，インターネット上で公開されているサイトを人手によってジャンルごとに分類し階層化したディレクトリ型検索エンジンが一般的であった．しかし，爆発的に増加する Web コンテンツに収集・分類が追いつかず，有志による編集も情報の信頼性が下がるため，この方式の検索エンジンは次第に少なくなっていった．その後，公開されている Web ページ上に貼られたリンクを辿りながら自動的にコンテンツを収集する検索ロボットが登場し，それによって集められた情報をもとに，

ユーザが入力したキーワードと一致するページを検索することができるロボット型検索エンジンが主流となった．有名な Google もこのしくみを利用した検索エンジンである．

また，企業がインターネット上に「場」を提供し，ユーザ同士がその場を利用して相互に情報交換などのやり取りを行えるサービスも人気が高い．代表的なものとしてはソーシャルネットワーキングサービス（SNS）がある．このようなユーザ間の情報交換などを支援するサービスはインターネットが普及した初期から様々提供されているが，中でも電子掲示板や口コミサイト，ブログ，オークションなどは現在も多くのユーザに利用されている．最近では，動画配信サービスや SNS，個人間の電子商取引サイトなどにニーズが移り，それ以外にもユーザ間でのコミュニケーションを主とするサービスは数多く登場してきている．

2.1.5 ユーザの変化
インターネット上で様々なサービスが提供され多くのユーザがそれらを利用する中で，ユーザそのもののサービスとの関係も変化してきている．

当初は，Web ブラウザと呼ばれるソフトウェアを利用して Web コンテンツを閲覧するなど，インターネット上に用意された情報を見つけ出して利用する情報享受者という受動的な立場でユーザは存在した．その後，チャットや電子メール，メッセンジャーなどのソフトウェアを用いた家族や友人間での情報交換といった利用が増えていった．

そして，電子掲示板やブログが登場すると，ユーザ自身が情報をインターネット上に投稿し，不特定多数の他のユーザと情報交換をするという利用の形が加わった．さらに，画像配信や動画配信のサービスが登場すると，ユーザが情報発信者として能動的，積極的にコンテンツをインターネット上で公開するような利用が増加した．このような変化の中で，人気のコンテンツを発信することで人を集めコンテンツに埋め込まれた広告によって収入を得る，ブロガーや YouTuber などの新たな職業も誕生した．

2.2 身近な情報システム

情報化社会と呼ばれる現代において，我々の身の回りでは様々な情報システムが利用されている．しかしその多くは，利用者から見ればシステムそのものの形は見えず，すべてサービスという形で提供されている．

ここでは身近な情報システムの例として，大学における学内情報システムと，昨今のキャッシュレス化に伴い普及している電子決済システムについてその基本を紹介する．

2.2.1 学校における情報システム
大学の事務や学務も様々な情報システムによって支えられている．どの大学でも標準的に導入されている情報システムとしては，次のようなものが挙げられる．

- 学習支援システム：授業や演習などの教材や e ラーニングコンテンツを提供する．
- 学務情報システム：学生の情報などの管理についての業務を行う．
- 図書館情報システム：図書館の運営に関する業務を行う．

- 情報センターシステム：学内のネットワークやセキュリティなどの管理を行う.
- 財務管理システム：大学の法人としての経営に関する業務を行う.
- 研究用システム：各教員が研究のために使用する.

　これらのシステムはそれぞれの目的のために独立して管理されているが，学生や教職員のユーザアカウントなどを共有するなど，互いに結びついて運用されていることが多く，大学全体を管理する1つの大きな情報システムとして捉えることもできる.

　学生にとってより身近ないくつかの情報システムについて，具体的に紹介する.

a.　学習支援システム

　学習支援システムとは，学生が学習することを支援するとともに，教師が学習者個々の学習の状況や成果を正しく把握し，適切な指導に活かすための情報を提供するシステムの総称である. オンラインでの学習，いわゆるeラーニングを支援するためのシステムと，実際の授業や学生指導に関わる情報を管理するためのシステムの両方が含まれ，目的に応じた複数のシステムによって構成されている.

　例えば，eラーニングで利用される教材や学習材を教師が作成・保管・蓄積するための学習管理システム（Learning Management System (LMS)）は，多くの大学で導入が進んでいる学習支援システムである. 筆者らの所属する大学でも学習管理システム（Moodle）が導入されており，授業ごとに教材や資料が提供されるほか，出席管理や小テスト，アンケートなどもこのシステム上で行われる. 教師は担当する授業に関するコンテンツの管理を行い，学習管理システムそのものは情報センターの技術者によって管理されている.

　学習支援システムの多くは，システムで提供されるコンテンツや機能は学内だけでなく自宅のパソコンやスマートフォンからも利用することができ，学生がいつでもどこでも気軽に学習活動ができるような工夫がされている.

　また，近年，eポートフォリオ（学生ポートフォリオ，学生カルテとも呼ばれる）システムも，多くの大学で導入が進められている.

　語源となるポートフォリオとは「作品集」を意味し，主に芸術やデザイン系の分野で用いられてきた言葉である. デザイナーが自分の作品をポートフォリオとしてまとめ，顧客や就職先に自分の能力や実績をアピールするために用いられてきた. 一方，eポートフォリオとは，学生の修学状況や学習活動，課外活動，所持資格や表彰などの実績など，その学生の「学びのデータ」を蓄積し一元的に管理することを目的とした情報システムである. その蓄積されたデータを教師が指導に役立てたり，学生自身が自分のこれまでの歩みを振り返ったり，就職活動の際に履歴書を作成するために利用される. 指導の履歴なども蓄積され，教師の間で共有することで，指導教員は自分の担当科目以外の成績や授業以外の活動についても把握できるため，より的確な指導や助言を行うことができる.

　eポートフォリオは文部科学省も注目しており，高大接続ポータルサイト「JAPAN e-Portfolio」事業[3]を展開し，2019年度より試験的導入を開始している.「JAPAN e-Portfolio」では，高等学校にeポートフォリオを導入し，生徒の基本情報や調査書データに加えて，学校の行事や部活動などでの学びや自身で取得した資格・検定，学校以外での活動の成果を学生自身に記録させる. そして，その情報を大学入学者選抜の出願の際に利用し，高校での成績，入学試験の結果に加え

図 2.5　筆者らの大学の学習管理システムのホーム画面

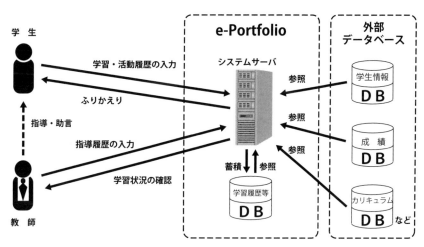

図 2.6　e ポートフォリオシステムの基本モデル

て，e ポートフォリオに蓄積された「主体性を持って多様な人々と協働して学ぶ態度」を選抜において適切に評価し，学生の多面的・総合的評価の実現に貢献することを目指す取り組みである．公式サイトによると，2019 年度には，全国で 78 大学がこのサービスを入学者選抜や合格後の生徒の参考情報として活用した．

b.　学務情報システム

学務情報システムとは，学生の修学サポートを目的とした情報システムである．教務職員が行う業務のうち，主に以下の業務を支援する．

- 学生情報管理
- 履修管理，成績管理

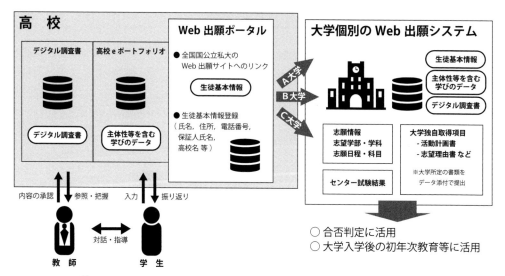

図 **2.7**　JAPAN e-Portfolio を利用した「主体性等」を評価する入学者選抜モデル

- 授業管理（シラバス，時間割，開講・休講情報）
- 教室管理
- 生活指導・進路指導
- 卒業生情報管理

　一般的な学務情報システムは，上記の業務ごとの個別のシステム（サブシステム）が存在し，それらを連携・統合する形で成り立っている．それぞれのシステムでは業務ごとに処理が行われるが，システムが行う処理の形態は，対象となるデータをひとまとめにして処理をする一括処理（バッチ処理）と，その場その場の要求に応じて処理される即時処理（オンライン処理）の 2 つに分けられる．これらは，処理の対象や目的に応じて使い分けられる．

　成績管理システムを例にあげれば，進級判定や卒業判定などを行い判定結果の資料を作成するような場合には，対象となる学生全員のデータを一気に処理する一括処理が用いられる．一方，窓口や端末機から学生が自身の成績を確認したり証明書を発行したりする場合は，即時処理によって直ちに書類が発行（出力）される．

　これらシステムが用いる情報は学生情報が中心となる．学生に関する情報には，入試時のデータから成績，活動情報，教員による指導履歴など在学中のあらゆる情報が保管される．また，入学前の出身高校や卒業後の進路なども保管される．これらの情報は在学時に利用されるだけでなく，卒業後の各種問い合わせや証明書の発行などで用いられるため，卒業後も長期にわたって保存され続ける特徴を持つ．

c.　図書館検索システム

　図書館検索システムは，図書館に所蔵される書籍をデータベース化し，コンピュータ上で検索できるようにしたシステムである．貸出管理の機能も有している．

　このシステムにおいて主となるのは膨大な所蔵書に関する情報をまとめたデータベースである．ジャンルごとに分類コードを付し，図書館内での保管場所や，貸出履歴などの情報もまとめて管理される．

　旧来は，図書館ごとに独自のデータベースですべての書籍情報を管理してきた．しかし最近では，外部の書籍データベースと連携して書籍の詳細情報は外部から得ることで，管理データの縮小化が実現されている．そこで用いられているのが ISBN (International Standard Book Number) と呼ばれる，世界共通で図書（書籍）を特定するための番号である．出版社から刊行されて流通している，ほぼすべての書籍に固有の ISBN 番号（現行規格では 13 桁）が割り振られている．日本で出版されている書籍の ISBN コードは日本図書コード管理センターによって管理されており，センターのシステムに問い合わせることで書籍の詳細情報を手に入れることができる．

　最近では，他大学や国公私立の図書館のデータベースとも連携し，他の図書館に所蔵されている文献を検索で見つけ出して，その複写を申し込んだり，貸出を依頼したりできるサービスも提供されている．また，スマホから蔵書検索や貸出予約ができたり，電子書籍を所蔵し，利用者にタブレットを貸し出して閲覧させることで所蔵スペースを少なくしたりなどといった工夫を取り入れたところもある．

2.2.2　電子決済システム

　世界中でキャッシュレス決済に注目が集まっている．特にキャッシュレス先進国とも呼ばれる中国や北欧などの国々では，今やクレジットカードや電子マネーによるキャッシュレス決済が現金決済よりも多く利用されており，現金が使えない店舗やサービスも出てきている．日本においても 2019 年 10 月に行われた消費税の引き上げに併せて，8 ヶ月間の期限付きながら「キャッシュレスポイント還元」制度が導入されるなど，消費者のキャッシュレス化を推進する動きが進んでいる．

　キャッシュレス決済は，電子決済システムと呼ばれる情報システムによって提供されるサービスの 1 つである．電子決済とは，商品やサービスの代金決済を現金による支払いではなく，現金と同等の価値を持つデータの送受によって行うしくみである[4]．金銭情報などのデータをどこに保存するかによって，カード型とネットワーク型に分類される．前者はカードや携帯電話に埋め込まれた IC チップに金銭情報を記録し，後者は Web 上のサーバで金銭情報を管理する．

　いわゆる電子マネーと呼ばれている方式はカード型の 1 つであり，カードや携帯電話に埋め込まれた IC チップに入金（チャージ）して利用する．最近では，クレジットカードに紐付けて残金が一定より少なくなると自動的に入金して残高不足にならない自動チャージの機能なども導入されている．

　一方，ネットワーク型も新しい方式が登場しており，PayPay や AliPay など，携帯機器のカメラで店側に設置・提示された QR コードやバーコードを読み取り決済を行う方法が主流になってきている．これらはコード決済あるいはスマホ決済などと呼ばれている．コード決済には，逆に携帯機器側の画面にコード類を表示し，それを店側の POS で読み取り決済を行う方式もある．

演　習　問　題

1) スマートフォンの登場以降に起こった社会の変化について，次のうち誤っているものを 1 つ選べ．
　　a) パソコン，スマートフォン，タブレット端末などの情報通信機器の世帯普及率はいずれも近

年増加傾向にある.

　　b) 先進国のみならず発展途上国でも，スマホ決済などのキャッシュレス決済が急速に普及している.

　　c) スマートフォンを使って外出先から自宅の家電を操作したり，監視したりできるスマート家電が登場した.

　　d) 電子書籍や音楽配信などの普及で街の書店や CD ショップの利用が落ち込み，1 つの社会問題となっている.

2) 次のうち，情報通信機器の説明として誤っているものを 1 つ選べ.

　　a) SNS などを使った個人のコミュニケーションを支援するツールとしての需要が高い.

　　b) 広義の「情報」を扱う情報通信機器としては，固定電話なども含まれる.

　　c) 家庭用ゲーム機など娯楽を目的とした機器は情報通信機器に含まれない.

　　d) 大学の学習支援システムなどでも，スマートフォンから利用できるサービスが増えている.

3) 次のサービスのうち，企業がインターネット上に「場」を提供し，ユーザ同士がその場を利用してやり取りする形態ではないものを 1 つ挙げよ.

　　a) ソーシャルネットワークサービス

　　b) 口コミサイト

　　c) オークション

　　d) スケジュール調整サービス

4) 次に挙げるうち，学校で提供される学内情報システムではないものを 1 つ選べ.

　　a) 予習復習に授業動画をスマホから閲覧できるビデオオンデマンドサービス

　　b) IC チップ付きの学生証を教室の機器にかざして取る出席管理システム

　　c) 学生課の端末から成績証明書を出力できるサービス

　　d) 構内の自販機で Suica で飲み物を購入できるキャッシュレスサービス

5) 次に挙げるソフトウェアの販売や公開の変化についての説明のうち，誤っているものを 1 つ選べ.

　　a) パッケージソフトウェアとは，ソフトウェアが入った DVD などの記録媒体とマニュアルなどの文書をパッケージして店舗などで販売する形態である.

　　b) シェアウェアとは，試用期間中は無料で利用することができ，その後に利用を継続する場合に課金をする形態である.

　　c) ソースコードを公開し，自由に改変や再配布を許諾されたソフトウェアは海賊版と呼ばれている.

　　d) オフィスや学校など同じソフトウェアを複数のコンピュータで利用するような場合は，月単位，年単位で利用する権利をまとめて購入するライセンス制が利用されることが多い.

文　　献

1) 総務省, 通信利用動向調査. http://www.soumu.go.jp/johotsusintokei/statistics/statistics05a.html
2) 総務省, 平成 30 年版情報通信白書. http://www.soumu.go.jp/johotsusintokei/whitepaper/h30.html
3) Japan e-Portfolio 公式サイト. https://jep.jp/
4) 岡山正雄, 電子マネーの動向と今後の展開. 調査と情報, Vol.20, pp.10-11, 農林中金総合研究所, 2010.

3

コンピュータにおけるデータ表現

人は日常生活の中で数値，文字，音声，画像，動画など様々な情報を駆使して思考し互いの意思疎通を行う．現代のコンピュータでもこれらの多様な情報を扱えるのは，コンピュータの中でこれらの情報がある一定の形式を持ったデジタルデータとして表現されるためである．

コンピュータ中のデジタルデータは0と1の2つの数字だけで表されていることはよく知られている．本章では，コンピュータにおいて0と1だけでデータを表現する理由について考察したのち，情報の具体的なデータ表現法について学ぶ．さらに，アプリケーション間でデータを意味のある情報としてやり取りするための共通の形式であるファイルとデータベースの概念について学ぶ．最後に，データの暗号化について概観する．

3.1　情報のデータ表現

コンピュータでは，あらゆる種類の情報を（それが数値であれ，文字であれ，音声であれ，画像であれ）すべて0と1の2つの数字の羅列だけで表現する．これにより物理的には単なる電気回路であるコンピュータであらゆる種類の情報を蓄積し自在に処理することが可能になる．

3.1.1　デジタルデータ

デジタルデータとは情報を数字の羅列で表現したデータのことである．「デジタル」の語源はラテン語の「指（digitus）」にあるといわれ，数を指でかぞえることに由来する．これに対してアナログデータとは情報を連続的な量で表現したデータである．例えば，アナログ時計の針による表示は時刻情報を針と目盛の位置関係という連続的な量で表現しているのでアナログデータといえる．これに対して，デジタル時計の表示は時刻情報を数字の列で表現しているのでデジタルデータといえる．

ここでいわゆる数字として私たちに馴染み深いのは0, 1, 2, 3, 4, 5, 6, 7, 8, 9といった10種類の数字である．したがって，デジタルデータを10進数で表してもよい．しかしコンピュータの内部ではデジタルデータを

$$1000010011101011011010000100111010100001001110101 0110$$

というように，0と1という2種類の数字だけを用いて2進数で表現する．

コンピュータにおいて10進数ではなくわざわざ2進数を使うのは，そのほうが電気回路であるコンピュータの構造がシンプルになるためである．電気回路で数字を表現するには何らかの物理現象の状態を数字に割り当てて表現する必要がある．例えば，0～5Vの範囲の「電圧」で数字

を表現する場合，2 進法であれば，基準となる電圧（例えば 2.5 V）を定めておき，それ以上の電圧なら 1，それ未満なら 0 と単純に割り当てることができる．しかし 10 進法であれば，0〜5 V を 10 段階の状態に区切ってそのなかのどの状態にあるかを検出する必要があり回路が複雑化する．また 2 進数の計算処理は 2 種類の数字を扱うだけなので 10 進数と比較して単純なしくみで実行でき，その結果それを実現する電気回路もシンプルなものとなる．

3.1.2 2 進数とその計算

具体的なデジタルデータ表現を学ぶ準備として，まず 2 進数とその計算について基本的な事項を整理する．

a. 2 進数から 10 進数への基数変換

まず，例えば 4 桁の 2 進数の整数

$$(1101)_2$$

を考えてみよう．ここで 2 進数であることがはっきりしていれば 1101 と表記してもよいのだが，2 進数の 1101 なのか 10 進数の 1101 なのか紛らわしいことがある．そこで本章ではこれ以降，2 進数の 1101 であることを明示する場合には $(1101)_2$，10 進数の 1101 であることを明示する場合には $(1101)_{10}$，というように表現することにする．さて，この 2 進数 $(1101)_2$ の 4 桁の数字は右からそれぞれ，(2^0) の位，(2^1) の位，(2^2) の位，(2^3) の位に対応しているので

$$(1101)_2 = 1 \times (2^3) + 1 \times (2^2) + 0 \times (2^1) + 1 \times (2^0)$$

となる．これを具体的に 10 進法で計算してみると

$$1 \times (2^3) + 1 \times (2^2) + 0 \times (2^1) + 1 \times (2^0) = 1 \times (8) + 1 \times (4) + 0 \times (2) + 1 \times (1) = 13$$

となり，結局 10 進数の 13 を表していることがわかる．すなわち

$$(1101)_{(2)} = 1 \times (2^3) + 1 \times (2^2) + 0 \times (2^1) + 1 \times (2^0) = (13)_{10}$$

となる．次に，小数点以下の桁を持つ 2 進数

$$(110.11)_2$$

の例ではどうだろうか．この 2 進数 $(110.11)_2$ の 5 桁の数字は右からそれぞれ，(2^{-2}) の位，(2^{-1}) の位，(2^0) の位，(2^1) の位，(2^2) の位，に対応しているので

$$(110.11)_2 = 1 \times (2^2) + 1 \times (2^1) + 0 \times (2^0) + 1 \times (2^{-1}) + 1 \times (2^{-2})$$
$$= 1 \times (4) + 1 \times (2) + 0 \times (1) + 1 \times (1/2) + 1 \times (1/4)$$
$$= 4 + 2 + 0 + 0.5 + 0.25 = 6.75$$

となり，結局 10 進数の 6.75 を表していることがわかる．すなわち

$$(110.11)_2 = 1 \times (2^2) + 1 \times (2^1) + 0 \times (2^0) + 1 \times (2^{-1}) + 1 \times (2^{-2}) = (6.75)_{10}$$

となる．以上のことを一般化すると，整数部が $(n+1)$ 桁で小数部が m 桁の 2 進数は以下のように 10 進数に変換される．

─── 2進数から10進数への基数変換 ───

$$(X_n X_{n-1} \cdots X_1 X_0 . X_{-1} X_{-2} \cdots X_{-(m-1)} X_{-m})_2$$

$$= X_n \times (2^n) + X_{n-1} \times (2^{n-1}) + \cdots + X_1 \times (2^1) + X_0 \times (2^0) +$$

$$\quad X_{-1} \times (2^{-1}) + X_{-2} \times (2^{-2}) + \cdots + X_{-(m-1)} \times (2^{-(m-1)}) + X_{-m} \times (2^{-m})$$

$$= \sum_{i=-m}^{n} X_i \times (2^i) \tag{3.1}$$

ただしここで，$X_i (i = n, n-1, \ldots, 1, 0, -1, -2, \ldots - (m-1), -m)$ は各桁の数字であり，0または1のいずれかであるとする．このような2進数表現から10進数表現への変換を2進数から10進数への基数変換という．

b. 10進数から2進数への基数変換

2進数から10進数への変換は式 (3.1) に従って容易に計算できる．しかし，その逆はやや面倒で，10進数から2進数への変換は整数部と小数部に分けて以下の手順で行う．

─── 10進数から2進数への基数変換 ───

整数部： 2で割った商と余りを求める計算を商が0になるまで繰り返し，求めた余りを逆順に並べる．

小数部： 2を掛けた積の整数部と小数部を求める計算を小数部が0になるまで繰り返し，求めた整数部を正順に並べる．

10進数の $(6.75)_{10}$ を2進数に変換する例を図 3.1 に示す．この例では変換結果は $(110.11)_2$ と求められているが，それが正しいことは $(110.11)_2$ を式 (3.1) で10進数に戻すと $(6.75)_{10}$ となることから確かめられる．10進数表現から2進数表現への変換を10進数から2進数への基数変換という．

整数部の変換 $(6)_{10} \to (110)_2$ 小数部の変換 $(0.75)_{10} \to (0.11)_2$

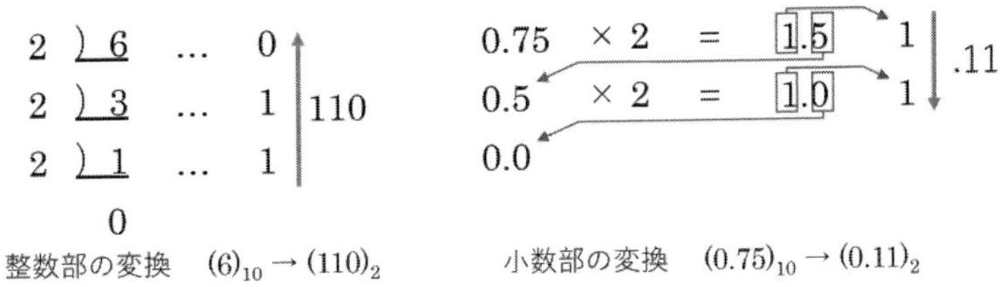

図 3.1 10進数から2進数への変換の例 $((6.75)_{10} \to (110.11)_2)$

c. 2進数の加算

2進数の加算は10進数の加算と同様に行える．10進数の場合は $(10)_{10}$ を繰り上げるのに対して，2進数の場合は $(2)_{10}$ を繰り上げることに注意するだけである．以下に $(11101)_2$ と $(1010)_2$ の加算の例を示す．

$$
\begin{array}{rcl}
11101 & \cdots & (29)_{10} \\
+ \quad 1010 & \cdots & (10)_{10} \\
\hline
100111 & \cdots & (39)_{10}
\end{array}
$$

d.　2 進数の乗算

2 進数の乗算も 10 進数の乗算と同様に行える．以下に $(1011)_2$ と $(101)_2$ 乗算の例を示す．

$$
\begin{array}{rll}
 & 1\,0\,1\,1 & \cdots \quad (11)_{10} \\
\times & 1\,0\,1 & \cdots \quad (5)_{10} \\
\hline
 & 1\,0\,1\,1 & \cdots \quad (11)_{10} \\
 & 0\,0\,0\,0 & \cdots \quad (0)_{10} \\
 & 1\,0\,1\,1 & \cdots \quad (44)_{10} \\
\hline
 & 1\,1\,0\,1\,1\,1 & \cdots \quad (55)_{10}
\end{array}
$$

ここで，この計算の過程では $(00000)_2$ と被乗数 $(1011)_2$ およびそれらの桁を左にシフトしたものしか現れないことに注意する．つまり，2 進数の乗算は実質的には掛け算をする必要はなく，桁のシフトと加算だけで簡単に計算できる．

3.1.3　整 数 の 表 現

私たちの日常では整数を 0 から 9 までの 10 種類の文字を用いて 10 進数で表す．しかし，これをコンピュータで扱うためには 0 と 1 の 2 種類の数字だけで表現する必要がある．10 進数を 0 と 1 の 2 値で表現する方法として，単純に 10 進数の各桁の 10 種類の数字を 4 桁の 2 進数に対応付けて表現する 2 進数コード化 10 進数（binary coded decimal (BCD)）がある．例えば，

$$(7198)_{10}$$

という 10 進数があったとき

$$7 \rightarrow 0111, \quad 1 \rightarrow 0001, \quad 9 \rightarrow 1001, \quad 8 \rightarrow 1000$$

と置き換えて，これを並べることにより

$$0111\ 0001\ 1001\ 1000$$

と表現する方法である．この BCD は私たち人間にとってはわかりやすいが，コンピュータにとっては加減乗除の数値演算が簡単に行えず扱いづらい．そこで，通常コンピュータの内部では 10 進数の整数を 2 進数に基数変換して表現する．以下に，符号なし整数と符号つき整数に分けて具体的な表現法を示す．

a.　符号なし整数の表現

まずは，整数のうちマイナス符号のつかない符号なし整数（つまりゼロおよび正の整数）だけを扱う場合の表現について考える．この符号なし整数については，基本的には 3.1.2 項で述べた方法で 10 進数を 2 進数に基数変換したものをそのまま用いる．例えば，既に見てきたとおり $(13)_{10}$ は

$$1101$$

と 4 桁の 2 進数で表される．ところで 2 進数表現における 1 桁をビット (bit) と呼び，さらに 8 ビットをまとめてバイト（byte）と呼ぶのだが，通常コンピュータでは 2 進数を何ビット（あるいは何バイト）で表現するかあらかじめ決めておかなければならないことに注意する．普通の数

学では整数の値の大きさによって桁数を自在に変化させる．しかし，コンピュータ内部の有限の
サイズの電気回路でシンプルで高速な計算を行うためには桁数をあらかじめ決めて固定しておく
必要がある．そのため，固定したビット数に応じて $(13)_{10}$ の符号なし整数表現は以下のように変
わることになる．

```
─────── 「符号なし整数表現」の例 ($(13)_{10}$ の「符号なし整数表現」) ───────

              1101    ・・・   4 ビットの場合
          00001101    ・・・   1 バイト（8 ビット）の場合
  0000000000001101    ・・・   2 バイト（16 ビット）の場合
  00000000000000000000000000001101    ・・・   4 バイト（32 ビット）の場合
```

　さて，ここでビット数を固定するということは，そのビット数によって表現可能な整数の範囲
が限られるということにも注意する必要がある．例えば，4 ビットで表現可能な符号なし整数は
$(0000)_2$ から $(1111)_2$ までであり，10 進数でいえば 0 から 15 $(= 2^4 - 1)$ までの範囲に限られる．
一般に n ビットの符号なし整数が表現できる範囲は 0 から $(2^n - 1)$ までに限られることになる．
以下に具体例を示す．

```
─────── 「符号なし整数表現」の表現可能範囲 ───────

  0  〜          15   ・・・   4 ビットの場合
  0  〜         255   ・・・   1 バイト (8 ビット) の場合
  0  〜       65535   ・・・   2 バイト (16 ビット) の場合
  0  〜  4294967295   ・・・   4 バイト (32 ビット) の場合
```

　この符号なし整数は桁数（ビット数）が固定されていることを除けば基本的に 2 進数そのもの
なので，3.1.2 項でみたように加算も乗算も簡単に実行できる．ただし，計算結果が固定された
ビット数で表現できる範囲内に納まらない場合は計算結果が正しく求まらないことに十分に注意
する必要がある．例えば $(7)_{10}$ と $(12)_{10}$ はそれぞれ 4 ビット符号なし整数で $(0111)_2$ と $(1100)_2$
と表現できるが，これらを加算した結果は $(19)_{10}$ は 4 ビット符号なし整数の表現範囲を越えてし
まうため，正しい計算結果が求まらない．普通に 2 進数の加算をすると

$$
\begin{array}{r}
0\,1\,1\,1 \quad \cdots \quad (7)_{10} \\
+\quad 1\,1\,0\,0 \quad \cdots \quad (12)_{10} \\
\hline
1\,0\,0\,1\,1 \quad \cdots \quad (19)_{10}
\end{array}
$$

となるはずだが，4 ビット符号なし整数の場合は 5 ビット目の桁がないのでこれが無視されて

$$
\begin{array}{r}
0\,1\,1\,1 \quad \cdots \quad (7)_{10} \\
+\quad 1\,1\,0\,0 \quad \cdots \quad (12)_{10} \\
\hline
0\,0\,1\,1 \quad \cdots \quad (3)_{10}
\end{array}
$$

と計算されてしまい，結果的に答えは $(0011)_2$ $(= (3)_{10})$ となってしまう．このような状態をオー
バーフローと呼ぶ．

b.　符号つき整数の表現（その1）：符号–絶対値表現

次に，ゼロおよび正の整数だけでなく負の整数も扱う場合の表現を考える．このとき，当然ながらマイナス符号も表現する必要があるので符号つき整数を表現する必要がある．ここで単純に考えれば，10進数の $(-3)_{10}$ を4ビットで表現しようしたとき，まずその絶対値 $(3)_{10}$ を4ビット符号なし整数 $(0011)_2$ に変換した上でマイナス符号をつけて

$$-0011$$

と表現すればよいと思うかもしれない．しかし，コンピュータではデジタルデータを0と1の2種類の数字のみで表現する必要があるため，マイナス記号 $(-)$ を使うことはできない．そこで最上位ビット（1番左側の桁）の数字だけは特別に符号を表しているということにして，この数字が1であればマイナス $(-)$，0であればプラス $(+)$ を意味するというような工夫をして表現する必要が出てくる．そして最上位ビットを除いた残りのビットで絶対値を表現するのである．実際，このような表現方法は符号–絶対値表現と呼ばれる．以下に $(-3)_{10}$ を符号–絶対値表現した例を示す．

――――「符号–絶対値表現」の例（$(-3)_{10}$ の「符号–絶対値表現」）――――

1011　　…　4ビットの場合

10000011　　…　1バイト（8ビット）の場合

1000000000000011　　…　2バイト（16ビット）の場合

10000000000000000000000000000011　　…　4バイト（32ビット）の場合

なお，ここで最上位の1ビットはプラスマイナスの符号を表すために使われてしまうため，n ビット符号–絶対値表現において実際に絶対値を表すためには残りの $(n-1)$ ビットしか使えないことに注意する．例えば4ビットの符号–絶対値表現では絶対値を表すために3ビットしか使えないので絶対値の範囲は $(000)_2$ から $(111)_2$（すなわち $(0)_{10}$ から $(7)_{10}$）に限られ，結局のところ符号を含めた表現範囲は $(-7)_{10}$ から $(7)_{10}$ までとなる．一般に n ビットの符号–絶対値表現が表現できる範囲は $-(2^{(n-1)}-1)$ から $+(2^{(n-1)}-1)$ までに限られる．以下に具体例を示す．

――――「符号–絶対値表現」の表現可能範囲――――

-7　〜　　　　7　…　4ビットの場合

-127　〜　　　127　…　1バイト（8ビット）の場合

-32767　〜　　32767　…　2バイト（16ビット）の場合

-2147483647　〜　2147483647　…　4バイト（32ビット）の場合

c.　符号つき整数の表現（その2）：2の補数表現

さて，ここまで符号付き整数の表現として符号–絶対値表現をみてきた．しかし，このような素朴な表現はごく初期のコンピュータで用いられたものの，現在のコンピュータではあまり用いられない．その代わりに現代のコンピュータでは計算に関するある大きな理由（この理由については後述する）により「2の補数表現」を用いるのが主流となっている．

ここで，「2の補数表現」がどのようなものであるかを説明する準備としてまず「2の補数」と

は何かを説明する．一般に，n ビット表現の 2 つの 2 進数 M と N を考えたとき，これらを足し合わせた結果（すなわち $M+N$）のすべてのビット（ただし繰り上がりがあっても $(n+1)$ ビットは無視する）が 0 となるとき，N を M の「2 の補数」という．当然ながら，このとき M は N の「2 の補数」であるともいえる．例えば，4 ビット表現の 2 進数 $(0101)_2$ を考えたとき，これに $(1011)_2$ を加えると

$$
\begin{array}{r}
0101 \\
+\ 1011 \\
\hline
10000
\end{array}
$$

と計算結果の 1〜4 ビット目はすべて 0 となるので，4 ビット表現の 2 進数 $(0101)_2$ の「2 の補数」は $(1011)_2$ ということになる．ここで，このような性質を満たす「2 の補数」を求めるのは面倒だと思うかもしれないが，実は「2 の補数」は以下のように単純な手順で求められる．

---
n ビット表現の 2 進数の「2 の補数」の求め方

1) n ビットすべてについて，その数字を反転する．すなわち 0 を 1 に置き換え，逆に 1 を 0 に置き換える．
2) 上記の結果に 1 を加える．

例えば，上述の 4 ビット表現の 2 進数 $(0101)_2$ の 2 の補数であれば

1) $(0101)_2$ の 4 ビットすべてについて，その数字を反転して $(1010)_2$ を得る．
2) 上記の結果に $(1010)_2$ に 1 を加えた結果 $(1011)_2$ を求める．

というごく簡単な手順で結果 $(1011)_2$ が求まる．

さて先述の符号つき整数の「2 の補数表現」であるが，これは負の整数についてはその絶対値の 2 進数表現の「2 の補数」を用いて表すことにするという表現方法である．つまり，符号つき整数は以下の手順で n ビットの「2 の補数表現」に変換される．

符号つき整数の n ビット「2 の補数表現」の求め方

1) 符号つき整数の絶対値を n ビットの 2 進数に基数変換する．
2) 符号が負の場合には，1) の結果をその「2 の補数」に置き換える．

例えば $(-3)_{10}$ は以下の手順で 4 ビットの「2 の補数表現」$(1101)_2$ に変換される．

1) $(-3)_{10}$ の絶対値である $(3)_{10}$ を 4 ビットの 2 進数に基数変換して $(0011)_2$ を得る．
2) $(-3)_{10}$ の符号が負なので，1) の結果 $(0011)_2$ を，その「2 の補数」である $(1101)_2$ に置き換える．

以下に，ビット数によって 2 の補数表現がどのように変わるか $(-3)_{10}$ を具体例として示す．

「2 の補数表現」の例（$(-3)_{10}$ の「2 の補数表現」）

```
                 1101  ···  4 ビットの場合
             11111101  ···  1 バイト（8 ビット）の場合
     1111111111111101  ···  2 バイト（16 ビット）の場合
11111111111111111111111111111101  ···  4 バイト（32 ビット）の場合
```

また，図 3.2 に 4 ビットの「2 の補数表現」で表現される符号つき整数の一覧を「符号–絶対表現」
と比較して示す．この図を見ると以下のことがわかる．

10進数	4 ビットの 符号-絶対値表現	4 ビットの 2の補数表現
7	0111	0111
6	0110	0110
5	0101	0101
4	0100	0100
3	0011	0011
2	0010	0010
1	0001	0001
0	0000 1000	0000
-1	1001	1111
-2	1010	1110
-3	1011	1101
-4	1100	1100
-5	1101	1011
-6	1110	1010
-7	1111	1001
-8		1000

図 **3.2**　符号つき整数の「符号–絶対値表現」と「2 の補数表現」の比較（4 ビットの場合）

- 「2 の補数表現」においても（「符号–絶対値表現」と同様に）最上位ビットの値が符号に対応しており，正の整数の最上位ビットは 0，負の数の最上位ビットは 1 となる．
- 正の整数については，「符号–絶対値表現」と「2 の補数表現」がすべて一致する．
- ゼロについては，「符号-絶対値表現」ではこれを $(-0)_{10}$ と見なすか $(0)_{10}$ と見なすかによって 2 種類の表現があり冗長なのに対し，「2 の補数表現」ではどちらに見なしても結果的に 1 種類の表現となる．
- 負の整数については，「符号–絶対値表現」と「2 の補数表現」が逆順に並んでいる．
- 「2 の補数表現」の方が「符号–絶対値表現」に比べて負の整数の表現範囲が 1 つ増える．

また，この図からわかるように 4 ビットの「2 の補数表現」が表現できる範囲は -8 から 7 までとなる．一般に n ビットの「2 の補数表現」が表現できる範囲は $-(2^{(n-1)})$ から $+(2^{(n-1)} - 1)$ までとなる．以下に具体例を示す．

―――「2 の補数表現」の表現可能範囲―――

-8 ～	7	$\cdots$ 4 ビットの場合
-128 ～	127	$\cdots$ 1 バイト (8 ビット) の場合
-32768 ～	32767	$\cdots$ 2 バイト (16 ビット) の場合
-2147483648 ～	2147483647	$\cdots$ 4 バイト (32 ビット) の場合

さて，ここまでに符号つき整数を「2 の補数表現」で表す方法についてみてきた．しかし，な

ぜ私たちの直感に馴染みやすい「符号–絶対値表現」ではなくわざわざわかりにくい「2 の補数表現」などを使うのであろうか．それは，「2 の補数表現」を使うと減算も可算と同じ処理で統一的に実行できるという大きな利点のためである．つまり，実質的に減算処理は必要なくなってしまうのである．例えば，以下の減算をしたい場合を考える．

$$(5)_{10} - (3)_{10}$$

これを

$$(5)_{10} + (-3)_{10}$$

と考えて，$(5)_{10}$ と $(-3)_{10}$ を 4 ビットの「2 の補数表現」に変換すれば

$$(0101)_2 + (1101)_2$$

となる．ここでこれら 2 進数の加算を 4 ビットで単純に行えば

$$
\begin{array}{rll}
  & 0\,1\,0\,1 & \cdots \quad (5)_{10} \\
+ & 1\,1\,0\,1 & \cdots \quad (-3)_{10} \\
\hline
  & 0\,0\,1\,0 & \cdots \quad (2)_{10}
\end{array}
$$

となるから（ただし桁あふれした 5 ビット目は無視する），

$$(0101)_2 + (1101)_2 = (0010)_2$$

という計算結果が得られる．ここでこの結果 $(0010)_2$ は $(2)_{10}$ の 4 ビット「2 の補数表現」であるから，確かに $(5)_{10} - (3)_{10}$ の結果が求まっていることがわかる．なお，ここで加算結果が表現範囲を越えてしまっていないかどうか，つまりオーバーフローが発生していないかどうかを最後にチェックする必要があることに注意する．オーバーフローが発生した場合は得られた加算結果は正しくなく計算エラーとなる．オーバーフローのチェックは符号を表す最上位ビットに着目することで以下のとおりに行える．

--- 「2 の補数表現」された数値間の加算におけるオーバーフローのチェック法 ---

最上位ビットが異なる数値間の加算の場合： オーバーフローなし

最上位ビットが同じ数値間の加算の場合：

加算結果の最上位ビットに変化がない場合： オーバーフローなし

加算結果の最上位ビットに変化がある場合： オーバーフロー発生

以下に具体的な加算例を示す．

$$
\begin{array}{rlll}
  & 0\,1\,1\,0 & \cdots \quad (6)_{10} & \text{【最上位ビット：0】} \\
+ & 1\,0\,1\,1 & \cdots \quad (-5)_{10} & \text{【最上位ビット：1】} \\
\hline
  & 0\,0\,0\,1 & \cdots \quad (1)_{10} & \text{【最上位ビットが異なる ⇒ オーバーフローなし】}
\end{array}
$$

$$
\begin{array}{rl}
& 1110 \quad \cdots \quad (-2)_{10} \quad 【最上位ビット：1】\\
+ & 1010 \quad \cdots \quad (-6)_{10} \quad 【最上位ビット：1】)\\
\hline
& 1000 \quad \cdots \quad (-8)_{10} \quad 【最上位ビット：1 と変化なし ⇒ オーバーフローなし】
\end{array}
$$

$$
\begin{array}{rl}
& 0010 \quad \cdots \quad (2)_{10} \quad 【最上位ビット：0】\\
+ & 0101 \quad \cdots \quad (5)_{10} \quad 【最上位ビット：0】\\
\hline
& 0111 \quad \cdots \quad (7)_{10} \quad 【最上位ビット：0 と変化なし ⇒ オーバーフローなし】
\end{array}
$$

また，以下にオーバーフローが発生して計算エラーとなる例を示す．

$$
\begin{array}{rl}
& 0100 \quad \cdots \quad (4)_{10} \quad 【最上位ビット：0】\\
+ & 0101 \quad \cdots \quad (5)_{10} \quad 【最上位ビット：0】\\
\hline
& 1001 \quad \cdots \quad (-7)_{10} \quad 【最上位ビット：1 に変化 ⇒ オーバーフロー発生】
\end{array}
$$

$$
\begin{array}{rl}
& 1011 \quad \cdots \quad (-5)_{10} \quad 【最上位ビット：1】\\
+ & 1100 \quad \cdots \quad (-4)_{10} \quad 【最上位ビット：1】\\
\hline
& 0111 \quad \cdots \quad (7)_{10} \quad 【最上位ビット：0 に変化 ⇒ オーバーフロー発生】
\end{array}
$$

　なぜ「2 の補数表現」を使うと減算を加算で実現できてしまうのかは，図 3.2 の符号を表す上位 1 ビットを除いた残りの 3 ビットの 2 進数の並び方に着目するとわかる．「符号–絶対値表現」では 0 を境にして上下それぞれに 0 から離れるに従って 2 進数が大きくなるように並んでいる．つまり正の数と負の数では並び順が異なる．これに対して「2 の補数表現」では，正の数も負の数も下から上に行くに従って 2 進数が大きくなるように並んでいる．そもそも私たちがふだん加算と減算で異なる算法を使う必要があるのは，「符号–絶対値表現」という 0 を境にして正の数と負の数を逆順に並べる表現を用いているためである．このため，「正の数の可算」と「負の数の加算（つまり減算）」を区別して異なる手順で行う必要が生じる．これに対して「2 の補数表現」を用いれば正の数も負の数も同順に並ぶため，「正の数の加算」も「負の数の加算」も特に区別せず同じ手順で行うことができるのである．

3.1.4　実 数 の 表 現

　実数もコンピュータ内部では 0 と 1 の 2 種類の文字で表現される必要がある．したがって，実数はまずは 2 進数化される．例えば実数

$$
-(6.75)_{10}
$$

を考えると，これは 3.1.2 の b 項でみたとおり

$$-(110.11)_2 \qquad\qquad (3.2)$$

と 2 進数に基数変換される. しかし, このままでは 0 と 1 以外に符号 (−) と小数点記号 (.) を含んでいる. これを 0 と 1 だけの固定ビット数のデータで表現する方法として, 以下の 2 つの形式がある.

a. 固定小数点形式

例えば, 「実数データを 4 バイト (32 ビット) で表現し, そのうち下位 2 バイト (16 ビット) で小数点以下を表す.」というように, 小数点の位置をあらかじめ決めて固定してしまえば簡単に表現できる. 小数点の位置が固定されているならば小数点記号 (.) を省略してもよいわけで, 式 (3.2) のデータを

$$-\ 00000000\ 00000110\ 11000000\ 11000000 \qquad\qquad (3.3)$$

と整数で表すことができる. さらにこれを「2 の補数表現」に変換すれば

$$11111111\ 11111001\ 00111111\ 01000000$$

という 32 ビットのデータで表現できることになる. このような表現方法は固定小数点形式と呼ばれる. 固定小数点形式は実数を実質的に整数と同様に扱えるため非常にシンプルだが, 表現できる実数値の範囲が狭いという欠点がある.

b. 浮動小数点形式

10 進数の実数は基数を 10 とした指数表現で以下のように表現できる.

$$-365.3216 \quad\rightarrow\quad -3.653216 \times 10^2$$
$$0.002135 \quad\rightarrow\quad 2.135 \times 10^{-3}$$

ここで, 3.653216 や 2.135 の部分を仮数といい, 一方 2 や −3 の部分を指数という. これと同様に, 2 進数の実数は基数を 2 とした指数表現で以下のように表現できる.

$$-1110.0001 \quad\rightarrow\quad -1.1100001 \times 2^3$$
$$0.0001101 \quad\rightarrow\quad 1.101 \times 2^{-4}$$

上記のように 2 進数の絶対値の整数部が 1 となるように正規化して指数表現した上で, その仮数と指数を 2 進数で表現するデータ表現方法を浮動小数点形式という. 例えば図 3.3 に示す 4 バイト (32 ビット) の IEEE 方式と呼ばれる浮動小数点形式では以下のように表現される.

> ───── IEEE 方式の浮動小数点形式への変換 (4 バイト (32 ビット) の場合) ─────
>
> 1) 仮数の符号が + ならば 0 を, − ならば 1 を, 符号部の 1 ビットにセットする.
> 2) 指数にバイアス値 127 を加えた値を 8 ビットの符号なし整数表現に変換し, それを指数部にセットする.
> 3) 仮数の絶対値の小数点以下 23 ビットを仮数部にセットする.

例えば式 (3.2) のデータは, $-(110.11)_2$ が

$$-110.11 \quad\rightarrow\quad -1.1011 \times 2^2$$

と正規化した指数表現で表されるので, 以下のように変換される.

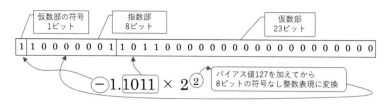

図 3.3　IEEE 方式の浮動小数点形式（32 ビットの場合）

1) 仮数の符号が − なので 1 を符号部の 1 ビットにセットする.

2) 指数 $(2)_{10}$ にバイアス値 $(127)_{10}$ を加えた値（すなわち $(129)_{10}$）を 8 ビットの符号なし整数表現に変換した結果（すなわち 10000001）を指数部にセットする.

3) 仮数の絶対値の小数点以下 23 ビット（すなわち 10110000000000000000000）を仮数部にセットする.

この結果, $-(110.11)_2$ は結局

$$11000000110110000000000000000000$$

と 4 バイト（32 ビット）の IEEE 方式の浮動小数点形式で表現されることになる.

　浮動小数点形式はやや複雑だが, 指数表現を用いて広い範囲の実数を表現できるため, 通常, 実数は浮動小数点形式で表現される. ただしここで, たとえ表現範囲内の実数であっても仮数部のビット数が限られていることに起因する誤差が生じる場合があることに注意する. 例えば, 10 進数の世界に慣れている私たちにとって何気ない 10 進数の実数 0.1 を考えてみる. 実はこれを 2 進数に基数変換すると

$$(0.1)_{10} = 0.0001100110011001100110011001100110011\cdots$$

$$= 1.100110011001100110011001100110011\cdots \times 2^{-4}$$

と循環小数となってしまう. ここで仮数部は 23 ビットに限られているので小数点第 24 位以下は切り捨て（丸め）なくてはならず,

$$1.10011001100110011001100 \times 2^{-4}$$

と近似したものが浮動小数点形式に変換されることになる. これを 10 進数に再変換しても $(0.0999999940395355224609375)_{10}$ となり, 元の $(0.1)_{10}$ とはわずかに誤差が生じる. このような誤差を丸め誤差という. 丸め誤差は 10 進数の実数を有限ビット数の 2 進数に変換して表現する以上は避けることのできないものである.

3.1.5　文 字 の 表 現

　文字を表現するためには基本的に表 3.1 のようにあらかじめ決められたコード表を用いる. すなわち文字のひとつひとつをコード表で対応づけられた 2 進数のコードに置き換えることで文字列を 0 と 1 で表現する. 例えば

Muroran City

という文字列であれば, それぞれの文字が表 3.1 に従って

表 **3.1** ASCII コード表の一部（表中の SP は「スペース」を表す）

コード	文字	コード	文字	コード	文字	コード	文字	コード	文字	コード	文字
00100000	SP	00110000	0	01000000	@	01010000	P	01100000	`	01110000	p
00100001	!	00110001	1	01000001	A	01010001	Q	01100001	a	01110001	q
00100010	"	00110010	2	01000010	B	01010010	R	01100010	b	01110010	r
00100011	#	00110011	3	01000011	C	01010011	S	01100011	c	01110011	s
00100100	$	00110100	4	01000100	D	01010100	T	01100100	d	01110100	t
00100101	%	00110101	5	01000101	E	01010101	U	01100101	e	01110101	u
00100110	&	00110110	6	01000110	F	01010110	V	01100110	f	01110110	v
00100111	'	00110111	7	01000111	G	01010111	W	01100111	g	01110111	w
00101000	(	00111000	8	01001000	H	01011000	X	01101000	h	01111000	x
00101001	)	00111001	9	01001001	I	01011001	Y	01101001	i	01111001	y
00101010	*	00111010	:	01001010	J	01011010	Z	01101010	j	01111010	z
00101011	+	00111011	;	01001011	K	01011011	[	01101011	k	01111011	{
00101100	,	00111100	<	01001100	L	01011100	\	01101100	l	01111100	|
00101101	-	00111101	=	01001101	M	01011101	]	01101101	m	01111101	}
00101110	.	00111110	>	01001110	N	01011110	^	01101110	n	01111110	~
00101111	/	00111111	?	01001111	O	01011111	_	01101111	o		

$$M \to 01001101, \quad u \to 01110101, \quad r \to 01110010, \quad o \to 01101111, \quad r \to 01110010,$$
$$a \to 01100001, \quad n \to 01101110, \quad SP \to 00100000, \quad C \to 01000011, \quad i \to 01101001,$$
$$t \to 01110100, \quad y \to 01111001$$

と置き換えられるので，これらのコードを並べることで

> 01001101 01110101 01110010 01101111 01110010 01100001 01101110 00100000
> 01000011 01101001 01110100 01111001

と表現されることになる．

　ここで，表 3.1 は ASCII コード（アスキーコード）と呼ばれる最も代表的なコード表の一部を抜粋したものだが，このコードでは 1 バイトのコードをそれぞれの文字に割り当てており，しかもそのうちの下位の 7 ビットのみを実際にコードとして用いている．そのため，コードとしては $(0000000)_2$ から $(1111111)_2$ までの $2^7 (= 128)$ 通りしかなく，全部で 128 種類の文字しか表現できないことに注意する．これでもアルファベットや数字，および若干の記号を表現できるので英文の文字列の表現はできるが，日本語を初め多様な文字を必要とする世界の様々な言語の文字列を表現することはできない．そこで，1 文字に割り当てるコードのバイト数（コード長）を増やした様々なコードが存在する．以下に私たちに身近な代表的なコードを挙げる．

1 バイトコード：　上述の ASCII コードなど．基本的に 1 バイトコードを用いる．英数字などからなる英文の文字列の表現に使われる．

2 バイトコード：　EUC コード，JIS コード，シフト JIS コードなど．基本的に 2 バイトコードを用いる．かなや漢字などを含む日本語の文字列の表現に使われる．

可変長コード：　UTF-8 コード．1 バイトから 6 バイトのコードを組み合わせて用いる．日本語も含む世界中の多言語で用いられる記号や文字を世界的に標準化して登録したユニコード（Unicode）と呼ばれる文字集合の文字からなる文字列の表現に使われる．

近年は日本でも日本語の文字列の表現のために世界標準の UTF-8 コードが用いられることが多くなってきたが，依然として EUC コード，JIS コード，シフト JIS コードもよく用いられる．これらのコード間ではコードの割り当て方が違うので，コードを間違えると正しい文字列に戻せな

くなる文字化けという現象が起こるため注意が必要である.

3.1.6 音声,画像,動画などの表現

　音声,画像,動画などは電子機器を通じてアナログ信号として得られる.例えば音声はマイクを通じて図 3.4 のアナログ信号のように時間の経過に伴って連続的に信号強度が変化する電圧信号として得られる.コンピュータではこのアナログ信号を標本化(サンプリング)と量子化という 2 つの過程によってデジタル信号に変換し表現する.これを A/D 変換という.A/D 変換は標本化周期 T と量子化ビット数 n をあらかじめ決めることにより以下のように行われる.

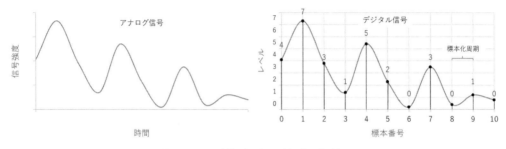

図 3.4　A/D 変換(3 ビット量子化の場合)

――― A/D 変換の過程 ―――

1) 標本化:　アナログ信号の強度(実数値)をある一定の標本化周期 T ごとに読み取り,その値を標本(サンプル)値として得る.ただしここで標本値は区間 $[0, 2^n)$ 内(0 以上 2^n 未満の範囲内)の実数値となるように正規化する.

2) 量子化:　それぞれの標本の値(実数値)を 2^n 段階のレベルに振り分けて(量子化して)$0 \sim (2^n - 1)$ の整数値で表現しデジタル化する.

3) 2 進数化:　それぞれの整数値を n ビットの符号なし整数表現で 2 進数化し,それらを順に並べる.

例えば,図 3.4 は量子化ビット数 n が 3 の場合なので以下のように A/D 変換される.

1) 標本化:　アナログ信号から以下の区間 $[0, 2^3)$ 内の値となるように正規化された標本値を得る.

$$4.1,\ 7.3,\ 3.8,\ 1.4,\ 5.4,\ 2.3,\ 0.2,\ 3.5,\ 0.4,\ 1.2,\ 0.8$$

2) 量子化:　$2^3 (= 8)$ 段階のレベルに量子化し以下の 0〜7 の整数値を得る.

$$4,\ 7,\ 3,\ 1,\ 5,\ 2,\ 0,\ 3,\ 0,\ 1,\ 0$$

3) 2 進数化:　整数値を 3 ビットの符号なし表現で 2 進数化して以下の変換結果を得る.

$$100\ 111\ 011\ 001\ 101\ 010\ 000\ 011\ 001\ 000$$

　ここで,標本化周期 T は短いほど,また量子化ビット数 n は大きいほど,A/D 変換の精度はよくなる.しかし精度を上げるとデジタルデータのデータ量が増大するので,これらの値を目的

に応じて適切に設定することが肝要となる．ちなみに標準の音楽用 CD の標本化周期は 1/44100 秒，量子化ビット数は 16 と定められている．

　白黒写真のような濃淡画像も基本的に音声と同様に A/D 変換することで表現される．ただし，画像の場合は画像の縦方向と横方向に 2 次元的にピクセルに分割し，それぞれのピクセルの信号強度（濃度や輝度に対応する）を標本化するため，データ量は音声に比べて多くなる．カラー画像の場合は 3 原色のそれぞれについて A/D 変換するため濃淡画像の 3 倍のデータ量となる．動画は多くの画像の連続したものとなるので，さらにデータ量が増大する．

　音声を含め，画像や動画などを精度よく表現しようとすると A/D 変換で得られるデジタルデータのデータ量は膨大なものとなる．そのため，実際にはデータの統計的性質や人間の知覚特性をうまく利用することによりデータの無駄な部分を削減する データ圧縮技術を駆使してデータ量を小さくして表現するのが一般的である．

3.2　フ ァ イ ル

　あるまとまった情報をコンピュータ中にデータとして保存する共通の形として ファイルという概念がある．例えば図 3.5 では MuroPyon.png および MuroranIT.txt という名前の 2 つのファイルとしてデータが保存されている．そしてこれらをダブルクリックすると，それぞれが適切なアプリケーションによって画像情報および文字情報として表示される．

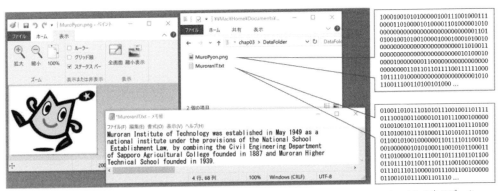

アプリケーションを用いたファイルの情報表示　　　　　ファイルの中のデータ

図 3.5　ファイル中のデータとアプリケーションによるその情報表示

　しかし，3.1 節にみてきたとおりあらゆる種類の情報はコンピュータ中ではすべて 0 と 1 のみでデータ化されているはずである．実際，MuroPyon.png も MuroranIT.txt もそのファイルの中のデータは 0 と 1 の羅列である．このことはファイルの中身のデータだけから元の情報の種類を識別して適切に表示することは困難であることを意味する．

　では，どうしてダブルクリックするだけで適切に情報が表示されたのだろうか．コンピュータではファイル名に付加した拡張子によってこれを識別する．MuroPyon.png の png や MuroranIT.txt の txt が拡張子にあたり，png は画像情報を，txt は文字情報であることを示す．この拡張子を手がかりに適切なプリケーションが起動し，ファイルに応じた適切な情報表示が行われるのである．

ファイル中のデータが表現する情報の種類は多岐にわたるうえ，種々の情報が混在していることさえある（例えば，ワープロのデータファイルには文字情報や画像情報などが混在する）．また，ファイルの中にはこれらの情報がどのようにデータ化されてどのように配置されているのかを示す情報もさらにデータとして収められている．そのため，ファイルの種類も多岐にわたり様々な拡張子が存在する．

3.3　データベース

ファイルは自由な形式でデータを保存できるが，そのままでは互いに関連のあるデータを表現するには自由度がありすぎて取り扱いが煩雑になる場合がある．そこで，データとその関連性をある構造によって表現したものがデータベースである．身近なものとして，「住所録」などもデータベースの典型的な例である．

さらに「人事データベース」，「顧客データベース」，「在庫データベース」などといった大規模なデータベースを多くのアプリケーションで多目的に利用するような場合には，データベースを集中的に保護，管理する機構としてデータベース管理システム（DataBase Management System (DBMS)）というソフトウェアが用いられる．この場合はそれぞれのアプリケーションなどはデータベースのデータに直接アクセスしないで，DBMS に対してデータのアクセスを依頼する形をとる．

3.4　データの暗号化

データ化された情報の機密を保つために，元データを暗号データに変換して情報を読み取れなくすることがある．これを暗号化という．逆に，暗号データを元データに戻すことを復号という．暗号化は暗号鍵と呼ばれる短いデータにもとづいて行われる．復号の際には暗号化に用いた暗号鍵に対応した暗号鍵を用いないかぎり正しい元データには戻らない．そのため，この暗号鍵を知らない他者からデータの機密を保護することができる．暗号には共通鍵暗号と公開鍵暗号の2種類がある．

共通鍵暗号：　暗号化用の暗号鍵と復号用の暗号鍵として同じ共通の暗号鍵を使う方式．暗号データの受け渡しをするとき復号用に共通鍵を秘密裏に受け渡ししなくてはならない．共通鍵が第三者に漏れると復号されてしまう危険がある．

公開鍵暗号：　暗号化用の暗号鍵と復号用の暗号鍵として別々の暗号鍵を使う方式．復号用の暗号鍵は秘密鍵として手元においておき，暗号化用の暗号鍵だけを公開鍵として暗号化する相手に送ればよい．公開鍵が第三者に漏れてもそれでは復号できないので安全性は高い．

ここで，よく使われる公開鍵暗号の1つである RSA 暗号の原理についてみてみる．元データを M，暗号データを C，公開鍵を e と n，秘密鍵を d としたとき RSA 暗号における暗号化と復号は次式で行われる．

$$C = M^e \bmod n \ \cdots \ \text{元データ } M \text{ から暗号データ } C \text{ への暗号化} \tag{3.4}$$

$$M = C^d \bmod n \ \cdots \ \text{暗号データ } C \text{ から元データ } M \text{ への復号} \tag{3.5}$$

ただしここで $\bmod\, n$ は n で割った余りを示すので,式 (3.5) で復号されるような元データ M は n 未満に限られることに注意する.

例えば,公開鍵を $e = 7$, $n = 33$, 秘密鍵を $d = 3$ としてみる.すると,以下のように元データ 9 は式 (3.4) によって暗号データ 15 に変換され,この暗号データ 15 は式 (3.5) によってたしかに元データ 9 に復号されるのがわかる.

$$C = 9^7 \bmod 33 = 15 \ \cdots \text{元データ } 9 \text{ から暗号データ } 15 \text{ への暗号化}$$

$$M = 15^3 \bmod 33 = 9 \ \cdots \text{暗号データ } 15 \text{ から元データ } 9 \text{ への復号}$$

`Hello` という文字列を公開鍵 $e = 7$ と $n = 33$ で暗号化する例を以下に示す.

`Hello`	$\cdots$ 文字列
0100100001100101011011000110110001101111	$\cdots$ ASCII コード化(元データ)
01001 00001 10010 10110 11000 11011 00011 01111	$\cdots$ 5 ビットごとのブロック化
9 1 18 22 24 27 3 15	$\cdots$ 10 進数への基数変換
15 1 6 22 18 3 9 27	$\cdots$ 式 (3.4) による RSA 暗号化
01111 00001 00110 10110 10010 00011 01001 11011	$\cdots$ 2 進数への基数変換
0111100001001101011010010000110100111011	$\cdots$ ブロック間接続(暗号データ)

ここでブロック化しているのは元データ M を $n(= 33)$ 未満とするためである.なお上では私たちにとって計算しやすいようにいったん 10 進数に基数変換しているが,コンピュータ内部では 2 進数で直接暗号化の計算を行える.

さてここで,式 (3.4), 式 (3.5) のように都合よく復号できるような公開鍵 (e,n) と秘密鍵 (d) の組み合わせを見つけられるかという問題があるが,幸いなことに多様な組み合わせの公開鍵と秘密鍵をコンピュータで瞬時に作れることがわかっている.これに対して,公開鍵 (e,n) だけがわかっているときに,これに適合する秘密鍵 (d) を求める計算には時間がかかる.特に n が大きくなるとその計算には天文学的な時間がかかるため,事実上,公開鍵から秘密鍵を推定される危険性はきわめて低い.

演 習 問 題

1) 次の 2 進数をそれぞれ 10 進数に基数変換せよ. $(1001)_2$, $(11001)_2$, $(10.01)_2$

2) 10 進数 $(10.375)_{10}$ を 2 進数に基数変換せよ.

3) 次の 2 進数をそれぞれ 1 バイトの符号なし整数として表現せよ. $(1110)_2$, $(11)_2$, $(0)_2$

4) 1 バイト表現の 2 進数 01001110 の「2 の補数」を求めよ.

5) 次の 10 進数をそれぞれ 1 バイトの「2 の補数表現」で表せ. $(4)_{10}$, $(-4)_{10}$

6) 1 バイトの「2 の補数表現」01100110 と 01010111 を加算した結果オーバーフローが発生するかどうかチェックした結果として,最もふさわしいものを次から選べ.

   a) 最上位ビットが同じ数値間の加算結果の最上位ビットが変化するのでオーバーフロー発生
   b) 最上位ビットが同じ数値間の加算結果の最上位ビットが変化しないのでオーバーフローなし
   c) 最上位ビットが異なる数値間の加算なのでオーバーフローなし
   d) 最上位ビットが同じ数値間の加算なのでオーバーフロー発生
7) 次のように得られた正規化された標本値を 2 ビットで量子化して 2 進数データに変換せよ.
   3.1, 0.7, 1.3

文　　　献

1) 魚田勝臣編著, 渥美幸雄, 植竹朋文, 大曽根匡, 森本祥一, 綿貫理明著, コンピュータ概論—情報システム入門,
    共立出版, 2017.
2) 情報処理学会編, 新版情報処理ハンドブック, オーム社, 1995.

4

コンピュータのハードウェア

4.1 コンピュータの構成

1945 年, ハンガリーの数学者であったジョン・フォン・ノイマンは, プログラム内蔵方式と 2 進数演算を採用したコンピュータの構成方式を提唱した. これ以降, 現代に至るまでのコンピュータの大半はこの方式を採用しており, これをノイマン型コンピュータという. ノイマン型コンピュータ (以下, 単にコンピュータという) の基本的な構成を図 4.1 に示す. コンピュータは, 制御装置, 演算装置, 記憶装置, 入力装置, 出力装置の 5 つで構成される. それぞれの装置の機能は次のとおりである.

- 制御装置：プログラムの命令に従って各装置を制御するための制御信号を出す.
- 演算装置：データに対する演算を行う.
- 記憶装置：プログラムやデータを記憶する.
- 入力装置：コンピュータ外部からデータを取り込む.
- 出力装置：コンピュータから外部にデータを出力する.

図 4.1　コンピュータの基本構成

通常, 制御装置と演算装置を併せて中央処理装置 (CPU) あるいはプロセッサと呼ぶ. プログラムやデータは記憶装置に格納される. 記憶装置から読み出されたプログラムは, CPU 内部の制御装置によって実行が制御される. プログラムによって記憶装置から読み出されたデータは CPU 内部の演算装置によって加工され, 演算結果は記憶装置に書き出される. 入力装置から入力されるデータは記憶装置に置かれ, 必要に応じて CPU 内部で処理されたり, 出力装置を通して出力される. 以下, 本章ではそれぞれの装置についてより詳細に説明する.

4.2 CPU：制御装置・演算装置

4.2.1 機械語と命令

コンピュータで実行されるプログラムは, 機械語で表される命令で構成されている. 機械語 (マ

シン語ともいう）とはコンピュータが直接理解して処理できる言語のことで，0と1を使った2進数の数字列で表現される．コンピュータ内部では，機械語の0と1をそれぞれスイッチング素子の OFF と ON に置き換えることで，命令あるいはデータ，文字，画像，音といった情報を表して処理している．命令とは「2つの数値を足す」あるいは「記憶装置から CPU にデータを取り込む」などのように，コンピュータを細部にわたって動作させる（制御する）ための最小単位の指示である．

　通常，アプリケーションソフトウェアは人間が使う言葉に近い言語（プログラミング言語という）を使ってプログラム（ソースコードという）されている．しかし，コンピュータはソースコードの内容を直接理解できないので，コンパイルという操作を経てプログラムを機械語に変換し，コンピュータが直接理解できる実行プログラムを生成する必要がある．我々がコンピュータで普段使用しているワープロソフトや表計算ソフトは，既にコンパイル済みの機械語に翻訳された実行プログラムである．コンピュータでは，実行プログラムを構成する機械語の命令（実際には0と1の数字列）が1つずつ CPU に読み込まれて実行される．

　機械語の命令は，コンピュータのハードウェア（コンピュータそのもの，あるいは，その内部の装置のこと）により解読されるための，規則的な形式（命令形式という）を持っている．図 4.2 に示すように，命令には命令コードとオペランドが含まれる．命令コードは命令の種類（「加算せよ」「メモリにデータを格納せよ」など）を表し，オペランドは命令で使用するデータを表す．

命令コード	オペランド1	オペランド2	・・・	オペランドn

図 4.2　命令形式

命令には以下の種類がある．
- 演算命令：算術演算や論理演算を行うための命令である．
- データ転送命令：CPU 内の記憶装置であるレジスタと CPU 外の記憶装置との間でデータを転送する命令である．
- プログラム制御命令：プログラムの実行順序を制御する命令である．
- その他の命令：入出力のための命令や，オペレーティングシステム（OS）の呼び出しを行うシステム制御用の命令である．

　CPU で一度に処理できるデータの長さは一定であり，これをワード長という．半導体の高集積化に伴いワード長は増大する傾向にあり，現在は 32 ビットや 64 ビットが主流となっている．CPU 内で処理される命令の長さは，ワード長を基準として決定される．すべての命令の長さを1ワードとする方式を固定長命令方式といい，命令の種類により命令長が変わる方式を可変長命令方式という．どちらの方式かは，CPU の種類によって異なる．

4.2.2　CPU の 動 作

　CPU は，コンピュータにおいて演算・制御を行う装置である．CPU は記憶装置から命令を1つずつ読み込んで演算をし，演算結果を各種の記憶装置に格納したり，出力装置に出力する．図4.3 は，CPU の基本構造を示している．

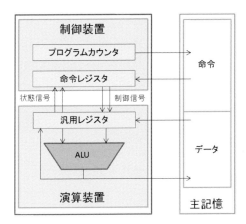

図 4.3　CPU の基本構造

　プログラムおよびそのプログラム内で使用するデータは，機械語で表された命令の集合として主記憶に格納されている（プログラム内蔵方式という）．主記憶には，CPU で処理する命令やデータを指定できるようにアドレス（番地）がふられている．CPU 内部にはレジスタと呼ばれる記憶装置があり，プログラムの実行に必要な命令やデータを一時的に格納する場所として用いられる．

　プログラムを構成する命令を主記憶から読み込んで実行するには，次に実行する命令のアドレスを CPU 内に記憶しておく必要がある．このレジスタをプログラムカウンタという．主記憶から読み込まれた命令を格納するレジスタを命令レジスタと呼ぶ．命令レジスタに格納された命令はデコーダと呼ばれる装置により解読され，命令中に指定されたオペランド（演算に必要なデータ）が汎用レジスタ（後述）や主記憶から読み出される．

　演算装置には，命令の実行に必要なデータを一時的に格納するための汎用レジスタと，四則演算や論理演算を行う算術論理演算器（ALU）が備わっている．ALU は一般に 2 つの入力ポートと 1 つの出力ポートを持ち，汎用レジスタから入力ポートを通して入ってきた 2 つのデータに演算を施して，結果を出力ポートから出す．出力された結果は，計算途中の値として汎用レジスタに再格納されたり，最終的な値として主記憶に書き出される．

　1 つの命令の実行が終わると次の命令のアドレスを特定し，プログラムカウンタに設定する．CPU では，上記の手順の繰り返しにより，プログラムを構成する命令が 1 つずつ実行される．このような命令実行の一連の流れを命令実行サイクルという．

　CPU では異常事態が発生したときのために，割り込みと呼ばれる機能が用意されている．図4.4 に示すように，割り込みとは，実行中のプログラムを一時中断して他の処理を行うことである．割り込みの要因としては，例えば再起動要求や電源異常などがある．割り込みは，CPU の命

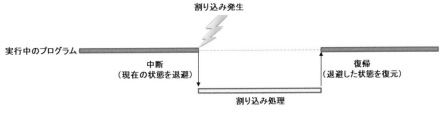

図 4.4　割り込み処理

令実行順序を動的に変更するものであり，通常のプログラムの命令実行中に割り込みが発生すると，現在の状態を一時退避したあとで，割り込み処理プログラムに実行が移る．割り込み処理プログラムによる割り込み処理が終了すると，退避していた状態を復元することにより，割り込まれたプログラムの実行を再開することができる．

4.2.3　CPU の 性 能

a.　補 助 単 位

コンピュータの世界では，非常に大きな数値や小さな数値が扱われる．しかし，これをそのまま表記すると人間にとってわかりにくいため，補助単位を用いた数値が用いられる．表 4.1 は大きな数値を表す際に用いられる補助単位，表 4.2 は小さな数値を表す際に用いられる補助単位を示している．これらの表をみてわかるように，補助単位は，数値の倍数を表していると考えればよい．

表 4.1　大きな数値を表す補助単位

補助単位	読み方	倍数
k	キロ	10^3
M	メガ	10^6
G	ギガ	10^9
T	テラ	10^{12}
P	ペタ	10^{15}

表 4.2　小さな数値を表す補助単位

補助単位	読み方	倍数
m	ミリ	10^{-3}
μ	マイクロ	10^{-6}
n	ナノ	10^{-9}
p	ピコ	10^{-12}
f	フェムト	10^{-15}

b.　クロック周波数

CPU の性能を表す指標の 1 つにクロック周波数がある．図 4.5 に示すように，クロックとは 1 と 0 が周期的に現れる信号であり，CPU をはじめとするコンピュータ内部の装置が処理の歩調を合わせるための信号である．この周期的な信号の時間間隔が短いほど，一定時間に多くの処理を実行できることを意味する．信号の山（1）と谷（0）で構成されるクロック 1 周期分の時間の長さをクロックサイクル時間，1 秒間のクロックサイクル数をクロック周波数と呼ぶ．クロック周波数は，クロックサイクル時間の逆数で表される．すなわち，

$$\text{クロック周波数} = \frac{1}{\text{クロックサイクル時間}}$$

である．クロック周波数の値が大きいほど（クロックサイクル時間が短いほど），CPU は高速であるといえる．最近の CPU のクロックサイクル時間は 1 ns（10^{-9} s）以下であり，クロック周波数は 1 GHz を超えている．

c.　CPI

CPU が処理する命令にはたくさんの種類（命令セットという）が存在する．命令によって，複雑な処理をするものもあれば，単純な処理をするものもある．したがって，命令の実行に必要なクロックサイクル数は命令の種類によって異なる．各命令を実行するのに必要なクロックサイクル数を CPI（clocks per instruction）という．また，CPI は，プログラムを構成する命令の平均 CPI の意味でも使用される．これを各命令の CPI と区別して，プログラムの CPI と呼ぶことにする．プログラムの実行で使用される命令の種類と各命令の出現回数が与えられるとき，プログラムの CPI は以下の式で求めることができる．

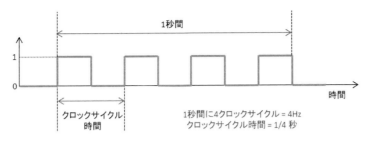

図 4.5 クロック

$$\text{プログラムの CPI} = \frac{\sum_{i=1}^{n}(\text{CPI}_i \times \text{C}_i)}{\text{実行命令数}}$$

ここで，n は命令の種類数，CPI_i は i 番目の種類の命令の CPI，C_i は i 番目の種類の命令の出現回数である．実行命令数とは，プログラムの実行で使用された命令の総数を示している．また，プログラムの CPI は以下のように求めることもできる．

$$
\begin{aligned}
\text{プログラムの実行時間} &= \text{プログラム実行に必要な総クロック数} \times \text{クロックサイクル時間} \\
&= \frac{\text{プログラム実行に必要な総クロック数}}{\text{クロック周波数}} \\
&= \frac{\text{実行命令数} \times \text{プログラムの CPI}}{\text{クロック周波数}}
\end{aligned}
$$

よって，

$$\text{プログラムの CPI} = \frac{\text{プログラムの実行時間} \times \text{クロック周波数}}{\text{実行命令数}}$$

である．当然だが，異なるプログラムでは実行される命令も異なるため，それらのプログラムの CPI も異なる．よって，複数の異なるコンピュータの性能を比較する場合は，同一プログラムの CPI を比較すべきである．

4.3 記 憶 装 置

4.3.1 記憶装置の種類と構成

記憶装置（メモリ）とは，コンピュータが処理するデータを記憶しておくための装置である．コンピュータには様々な種類のメモリが用いられている．以下に，主なメモリの概要をまとめておく．

- レジスタ：CPU 内部にあるメモリで，CPU での処理結果を一時的に保存する．
- 主記憶：実行中のプログラムを格納する．メインメモリとも呼ぶ．プログラムが終了したり，電源供給がなくなると，主記憶上のデータは消滅する．
- キャッシュ：CPU（レジスタ）と主記憶の間に配置される．CPU が近い将来にアクセスする可能性が高いデータを格納しておき，CPU と主記憶の速度差を減らす役割を持つ．
- 補助記憶装置：ファイルや実行状態にないプログラムを記録する．電源供給がなくともデータの保存は可能である．

補助記憶装置には様々な種類があるが，一般的に広く利用されるものとして，ハードディスク，CD-R, CD-RW, DVD, SSD, USB メモリなどがある．

　図 4.6 はメモリの基本構成を示している．レジスタは CPU 内部に配置され，CPU クロックと同期して動作する．キャッシュは，高速で容量が少ない方から順に 1 次（L1）キャッシュ，2 次（L2）キャッシュ，3 次（L3）キャッシュのように呼ばれる．1 次キャッシュは CPU 内部に配置され CPU クロックと同期して動作し，それ以外のキャッシュは CPU 外部に配置される．主記憶および補助記憶装置は CPU 外部に配置される．

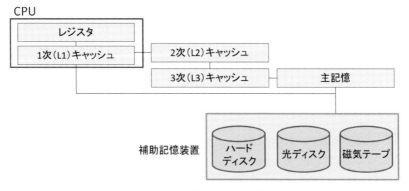

図 4.6　記憶装置（メモリ）の構成

4.3.2　記憶装置とプログラム実行

　実行状態にないプログラム（あるいはファイル）は，補助記憶装置に保存されている．プログラムの実行が開始されると，それは主記憶に読み出される（ロードされる）．前節で説明したように，プログラムは多数の命令（とデータ）で構成されている．主記憶にある命令は 1 つずつ CPUのレジスタに読み出され，前節の命令実行サイクルに従って実行される．このとき，これから利用する可能性の高い命令やデータはキャッシュに格納される．次に実行する命令がプログラムカウンタにセットされると，CPU はまずキャッシュをチェックし，キャッシュに存在しなければ主記憶にアクセスする．プログラムの実行が終了すると（保存操作が行われると），その時点でのプログラムの状態が補助記憶装置に保存される．

4.3.3　記　憶　階　層

　一般に，メモリの性能と記憶容量は両立しない．すなわち，速度が速いメモリは容量が小さく高価であり，速度が遅いメモリは容量が大きく安価な傾向がある．コンピュータで実行されるオペレーティングシステム（Windows や macOS など）や各種のアプリケーションソフトウェアは大容量のメモリを必要とする．コンピュータの性能を向上させるにはメモリを高速化・大容量化する必要があるが，高速なメモリだけで大容量化を実現しようとすると価格が高くなり，低速なメモリだけを用いるとメモリの大容量化と低価格化は実現できても性能が低くなってしまう．異なる記憶デバイスを組み合わせて高速・大容量のメモリを実現するため，現在のコンピュータは図 4.7 に示すような記憶階層に基づいて設計されている．記憶階層では，CPU の近くに高速・小容量のメモリを配置し，CPU の遠くに低速・大容量のメモリを配置する．また，記憶階層では，参照の局所性と呼ばれる重要な性質が利用されている．参照の局所性とは，「ある項目（プログラ

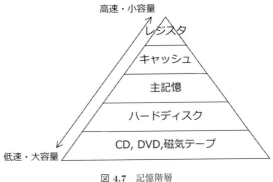

図 **4.7** 記憶階層

ム中の命令やデータ）がアクセスされたとき，その項目やその近辺の項目が近い将来に再度アクセスされる可能性が高い」という性質である．参照の局所性を用いた技術に，キャッシュがある．主記憶の動作速度は CPU のそれに比べて遅く，速度差が発生してしまう．この速度差を縮めるため，現在のコンピュータでは CPU と主記憶の間に CPU と同程度の速度で動作するキャッシュが配置される．近い将来アクセスされる可能性が高い命令やデータをキャッシュに格納し，CPU はキャッシュを優先的にアクセスすることで高速化を実現できる．

4.3.4 キャッシュ

　キャッシュは，CPU の処理速度と主記憶のアクセス速度のギャップを埋めるために両者の間に挿入された記憶階層であり，主記憶よりも高速で小容量のメモリである．多くのプログラムは，頻繁にアクセスされる部分とそうでない部分が存在する（参照の局所性）．プログラム中で使用頻度の高い命令やデータを高速なキャッシュにコピーしておき，主記憶へのアクセスを減らすことで，システム全体としての速度向上を図ることができる．図 4.8 は，CPU，キャッシュおよび主記憶の間のデータ転送を示している．CPU とキャッシュの間はワード単位での転送が行われ，キャッシュと主記憶の間はワードよりも大きいブロック単位での転送が行われる．CPU がプログラムの実行に必要な命令やデータを要求する際，まずキャッシュにそれらが存在するかどうかをチェックする．存在すれば，キャッシュから CPU に命令またはデータを転送し，CPU で処理する．CPU で処理された演算結果は，必要に応じてキャッシュに書き込まれる（上書きされる）．逆に，存在しなければ，主記憶にアクセスし，必要な命令やデータを CPU に転送して処理すると同時に，キャッシュにそのコピーを格納する．

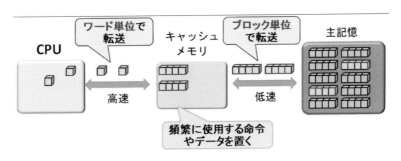

図 **4.8**　CPU，キャッシュ，主記憶間のデータ転送

a. 平均アクセス時間

前述のように，CPU から要求された命令やデータは必ずしもキャッシュに存在するとは限らない．CPU が要求した命令やデータがキャッシュに存在することをヒットと呼び，存在しないことをミスと呼ぶ．また，ヒットする確率をヒット率，ミスする確率をミス率という．ミス率は NFP（Not Found Probability）とも呼ばれる．CPU からキャッシュおよび主記憶への平均アクセス時間は以下のように求められる．

$$平均アクセス時間 = キャッシュへのアクセス時間 \times ヒット率$$
$$+ 主記憶へのアクセス時間 \times ミス率$$

例えば，キャッシュおよび主記憶へのアクセス時間がそれぞれ $10\,\mathrm{ns}, 60\,\mathrm{ns}$ で，アクセスするデータがキャッシュに存在する確率が80%とする．このときの平均アクセス時間を求めてみよう．ヒット率は80%なので，ミス率は $1 - 0.8$ より，20%である．よって，平均アクセス時間は以下のように求めることができる．

$$平均アクセス時間 = 10 \times 0.8 + 60 \times 0.2 = 20\,\mathrm{ns}$$

b. キャッシュから主記憶への書き込み方式

キャッシュを備えたコンピュータでは，CPU で処理された演算結果は主記憶ではなくキャッシュに書き込まれる．キャッシュに存在するデータの変更が行われたとき，該当する主記憶の内容をいつ変更するかは方式により異なる．ここでは2つの方式を紹介する．

キャッシュの変更と同時に主記憶を変更する方法をライトスルー方式と呼ぶ．この方式では，キャッシュと主記憶の一貫性は常に保たれるが，CPU からキャッシュへの書き込みが発生するたびに，キャッシュより低速な主記憶への書き込みが必要となる．そのため，CPU は主記憶への書き込みが終了するまで処理を停止しなければならず性能が低下するという欠点がある．一方，キャッシュと主記憶の一貫性を厳密に保つのではなく，緩やかに保つ方法をライトバック方式という．この方式では，CPU から主記憶への書き込み命令が発行されたときのみ，キャッシュから主記憶への書き込みが行われる．これにより主記憶へのアクセス回数を減らすことができるので，ライトスルー方式と比較して性能が向上する．

4.3.5 仮 想 記 憶

キャッシュが CPU と主記憶との間に配置された記憶階層であるのに対し，仮想記憶とは主記憶と補助記憶（主にハードディスク）との間の記憶階層である．仮想記憶の導入によって，(1) 複数のプログラムが1つの主記憶（物理的な記憶装置）を安全に利用できるようになり，(2) 主記憶よりも大きな容量のメモリがあるものとしてプログラムを実行できるようになる．

a. 複数プログラムが主記憶を安全利用

コンピュータでは，音楽プレーヤで曲を聴きながら Web ブラウザでインターネットサーフィンをするといったように，複数のアプリケーションソフトウェア（プログラム）を同時に実行することができる．これは，主記憶上に複数のプログラムをロードして安全に実行できる機構がコンピュータに備わっているからである．ここで重要なのは，異なるプログラムは主記憶上の異なるアドレス空間に配置される必要があることである（そうしなければ，お互いのプログラムを上書

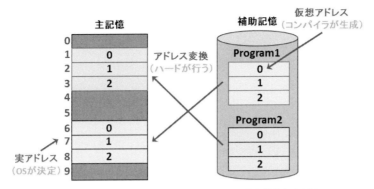

図 4.9　仮想記憶の役割 1: 複数プログラムが主記憶を安全利用

きしてしまう等の問題が発生する). そのため, 仮想記憶は図 4.9 に示すように, プログラムから見える仮想アドレスと, 主記憶上の実アドレスを切り離して実現される. 仮想アドレスとは個々のプログラムのコンパイル時に生成されるアドレスで, それぞれのプログラム内でのみ通用する論理的アドレスである. 一方, 実アドレスは, プログラムが主記憶にロードされた際に割り振られる主記憶上の物理的なアドレスである. 仮想記憶では, 互いのプログラムが主記憶上のアドレス空間で競合しないように, それぞれのプログラムを仮想アドレスから実アドレスに変換し, 主記憶上に配置する. 各プログラムをどのアドレス空間に配置するかはオペレーティングシステム (OS) が決定する.

b.　主記憶より大きなプログラムの実行

　アプリケーションソフトウェア (プログラム) は, 主記憶の大きさとは独立して開発される. そのため, 主記憶より大きなプログラムを実行する場合には, プログラム全体を主記憶上に置くことができなくなってしまう. 仮想記憶では図 4.10 に示すように, プログラムの本体は補助記憶 (ハードディスクなど) に置き, プログラムの実行に必要な部分のみを主記憶にロードして実行する. また, 主記憶上で不要となった部分は補助記憶に退避され, 必要に応じて別の部分と入れ替えが行われる (スワップという). これにより, ユーザは記憶容量を意識せずに主記憶よりも大きなプログラムを実行できるようになる.

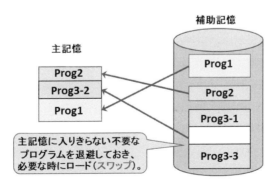

図 4.10　仮想記憶の役割 2: 主記憶より大きなプログラムの実行

4.4　入 出 力 装 置

4.4.1　入 出 力 制 御

　キーボードやマウスのように，外部からコンピュータに情報を取り込む装置を入力装置という．また，プリンタやディスプレイのように，コンピュータから外部に情報を出す装置を出力装置という．これらを合わせて入出力装置という．入出力装置と CPU では転送速度の差がきわめて大きく，CPU が入出力装置を直接操作すると多大な待ち時間を生じてしまい効率が悪い．そのため，現代のコンピュータでは，入出力装置を CPU とは独立して非同期的に動作させる方式がとられる．特に，CPU を介さずに専用のハードウェアによって入出力制御を行う方式を DMA（direct memory access）制御方式という．図 4.11 は DMA 制御方式による入出力制御を示している．DMA 制御方式では，入出力操作が開始されると，CPU が入出力専用の処理装置である DMA コントローラーを起動し，以降は DMA コントローラが入出力装置の制御や主記憶への読み書きを担う．入出力処理が終了すると，DMA コントローラが CPU に対して割り込み（入出力割り込みという）をかけて入出力の終了を知らせる．なお，入出力制御の方式には，DMA 制御方式の他にも，入出力装置ごとに入出力チャネル（DMA を高機能化したもの）を備えた方式（チャネル制御方式）がある．

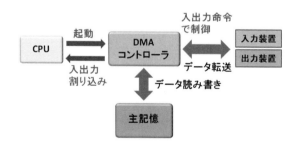

図 4.11　DMA 制御方式

4.4.2　バ　　　　　ス

　コンピュータの構成要素を接続する方法としてバスが広く用いられている．バスは，コンピュータの構成要素の間でデータをやりとりするための伝送路としての役割を持つ．バスには，メモリバスと入出力バスがある（図 4.12）．メモリバスは CPU と主記憶の間に設置される高速・短距離のバスである．入出力バスは多種類の入出力装置を接続できるように設計される低速・長距離のバスである．

　入出力バスでは，様々な機器を接続できるように標準化が進められている．バスを標準化することで，機器の種類やメーカごとに異なるバスを用意する必要がなくなるため，ユーザだけでなくコンピュータメーカや入出力機器メーカにとっても有益である．以下に，代表的なバスを挙げておく．

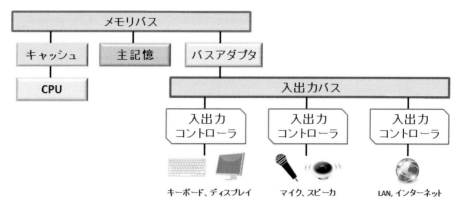

図 4.12 バスの構成

- PCI バス：コンピュータ内部の各パーツ間を結ぶバス規格.
- AGP：ビデオカードと主記憶間の専用バス規格.
- SCSI：コンピュータ本体と周辺機器の接続方法を取り決めたバス規格.
- IDE：ハードディスクを接続するためのインタフェース.
- USB, IEEE1394：コンピュータ本体と周辺機器を接続するためのシリアルインタフェース規格.

演 習 問 題

1) 中央処理装置（CPU）に関する説明として，正しいものを 1 つ選べ.
    a) 制御装置には算術論理演算器（ALU）が備わっており，ここで四則演算や論理演算が行われる.
    b) 制御装置には算術論理演算器（ALU）が備わっており，ここで次に実行する命令の解読が行われる.
    c) 演算装置には算術論理演算器（ALU）が備わっており，ここで四則演算や論理演算が行われる.
    d) 演算装置には算術論理演算器（ALU）が備わっており，ここで次に実行する命令の解読が行われる.

2) CPU での割り込み処理に関する説明として，最も適切なものを 1 つ選べ.
    a) 割り込み要因の種類にかかわらず，割り込みが発生すると CPU への電源供給が即座に停止される.
    b) 割り込みの発生の有無にかかわらず，常に割り込み処理プログラムが実行され，CPU の挙動が監視される.
    c) 割り込み処理が終了すると，退避されていた状態は完全に破棄されるため，CPU は安全に新たな命令を実行することができる.
    d) 割り込みが発生すると，CPU の命令実行順序が動的に変更され，割り込み処理プログラムに実行が移る.

3) クロック周波数が 2 GHz のコンピュータのクロックサイクル時間を求めよ.

4) あるプログラムの実行では命令 A, B, C が使用され，各命令の CPI および出現回数が次表のようになった. このプログラムの CPI を求めよ.

命令	CPI	出現回数
A	2	30
B	1	50
C	3	20

5) 主記憶, ハードディスク, レジスタ, キャッシュを, 高速な順に左から正しく並べたものを1つ選べ.

    a) レジスタ → キャッシュ → 主記憶 → ハードディスク

    b) キャッシュ → 主記憶 → ハードディスク → レジスタ

    c) ハードディスク → 主記憶 → キャッシュ → レジスタ

    d) 主記憶 → キャッシュ → レジスタ → ハードディスク

6) キャッシュおよび主記憶へのアクセス時間がそれぞれ 5 ns, 50 ns で, アクセスするデータがキャッシュに存在する確率が 90% とする. このときの平均アクセス時間を求めよ.

7) 仮想記憶の説明として最も適切なものを1つ選べ.

    a) 補助記憶のプログラムを全て主記憶にロードし, 必要に応じてその一部を補助記憶に退避する.

    b) 必要なプログラム部分のみを主記憶にロードし, 不必要なプログラム部分を補助記憶に退避する.

    c) 異なるプログラムが主記憶上のアドレス空間を常に共有することで, 主記憶を効率的に使用できる.

    d) 主記憶上では, 異なるプログラムがアドレス空間で競合しないように, 1つのプログラムのみが実行できる仕様になっている.

8) DMA 制御方式に関する説明として最も適切なものを1つ選べ.

    a) 入出力装置は CPU と比較して格段に速度が遅いため, CPU のクロックに同期させて動作するように設計されている.

    b) 入出力が行われるごとに, CPU は動作を中断して入出力制御を行う.

    c) 入出力装置は CPU のクロックと非同期的に動作し, 入出力操作終了後は, CPU から入出力装置に入出力割り込みがかかる.

    d) 入出力制御は CPU を介さずに専用のハードウェアによって行われ, 入出力操作終了後は, 専用ハードウェアから CPU に入出力割り込みがかかる.

文　　　献

1) 田啓一郎, 小柳滋, コンピュータアーキテクチャ, オーム社, 2004.

2) 山潔, コンピュータアーキテクチャの基礎, 近代科学社, 2003.

5

ソフトウェアとアルゴリズム

　本章では，ソフトウェアの一般的な基礎知識およびその役割について述べる．また，ソフトウェアを作成，開発のための要素技術であるプログラミングおよびプログラミングにおいて最も基本となるアルゴリズムの概念についても説明し，ソフトウェア開発に関する基礎知識の習得を目的とする．

5.1　ソフトウェア

　ソフトウェアとは，パソコンを含めた電子機器の中で動作するプログラムの総称であり，狭義では，プログラミング言語で記述したものをコンピュータ（電子機器）の言葉に変換（コンパイル）したものと捉えることができる．略して単にソフトと呼ぶこともあるソフトウェアは，パソコンやスマホ上だけでなく冷蔵庫，電子レンジといった家電製品，車，飛行機といった乗り物の中に目に見えない形で組み込まれており，我々にとって非常に身近な存在である．

　ここでは，ソフトウェアの概念をより直観的に理解するためハードウェアと対比させる形でソフトウェアを説明する．その上で，非常に幅広い種類を持つソフトウェアを「システムソフトウェア」と「アプリケーションソフトウェア」に大別し，それぞれの役割や違いについて解説し，ソフトウェアに対する体系的な理解を促す．

5.1.1　ソフトウェアとハードウェアの違い

　パソコンを構成する要素には大きく分けてハードウェア（hardware）とソフトウェア（software）がある．ハードウェアの元々の意味には金物類，金属製品，機器といった意味があり，コンピュータの分野ではパソコンやスマートフォンといった電子機器および，それらを構成する部品や装置，周辺機器のことを指す．ハードウェアに共通する特徴として，実際に物理的な「もの」・「機器」として存在し，見ること，触れることができる点である．パソコンを例にすると，画面のモニタやプリンタ，データを記憶するためのストレージ，メモリ，データを処理するための CPU などがハードウェアであり，パソコンそのものを 1 つのハードウェア（ハードウェアの塊）であると見ることができる．

　一方，ソフトウェアはパソコンなどの電子機器内で動作するプログラムや情報のことであり，実際にものとして見ることができない．ソフトウェアという言葉には「柔らかいもの」というニュアンスが込められており，金属製のやや堅いイメージのあるハードウェアの対比語として使用される．ソフトウェアは単体では単なるプログラムの塊であり，ハードウェア上で動作することで

目的とする機能を発揮することができる．ソフトウェアには，パソコン起動直後に呼び出される BIOS，基本ソフトである OS（operating system），OS 上で動くアプリケーションソフトなど多種多様なものがあり，それぞれかなり異なる役割を担っている．

ハードウェアが「機器」・「もの」（あるいは「箱」）であるのに対して，ソフトウェアは「プログラム」・「情報」と見ることができる．ソフトウェアに関する有名な名言に「パソコンは，ソフトが無ければただの箱」というものがあるが，それぞれ単体では目的とする動作を行うことはできず，ハードウェア上でソフトウェアが動作することで初めて目的とする機能を発揮する．

両者の関係を人間の体で例えると，人間の「身体」，「脳」，「手」や「目」といった物理的な身体に関するものがハードウェアに該当するのに対して，その中身にあたる「蓄積された知識や経験」といったものがソフトウェアに該当すると考えることができる．ここで重要なのは，両者は互いに密接に結び付いているという点である．ハードウェアはソフトウェアがなければ何も動作できないのに対して，ソフトウェアもハードウェアの特性を踏まえた設計がなされていなければ期待する動作をすることはできない．

コラム：汎用コンピュータの誕生

ソフトウェアという概念の誕生は，汎用コンピュータの誕生によってもたらされたといえる．汎用コンピュータ誕生以前，コンピュータを含めた機器において，ソフトウェアは特定のハードウェアに特化した形で実装されており，両者は完全に不可分な関係にあった．そのため，1つの製品においてハードウェアとソフトウェアを区別して考える必要性はなく，本節で解説するように「ソフトウェア」を一般化して考えることはなかった．

この状況を劇的に変えたのが，1946 年にジョン・フォン・ノイマンにより提案されたプログラム内蔵方式（ストアードプログラム方式，stored program computer）と呼ばれるハードウェアとソフトウェアが分離した汎用性の高いコンピュータの登場である．一般的にノイマン型コンピュータと呼ばれるこの方式は，1949 年に世界初のノイマン型コンピュータ "EDSAC" が開発されて以来，広く世界に普及し，ソフトウェアをハードウェアとは明確に区別し，より一般化して考える大きなきっかけとなった．

5.1.2　ソフトウェアの種類

上述の通り，ソフトウェアにはハードウェア側に近い部分で動作する BIOS や OS といったものから，より実際の作業処理側に近いアプリケーションまで多種多様なものが存在する．ここでは，ファームウェア，システムソフトウェア，アプリケーションソフトウェアの 3 種類に大別して説明する．それぞれ 3 種類のソフトウェアの上位層，下位層の関係を示したものを図 5.1 に示す．

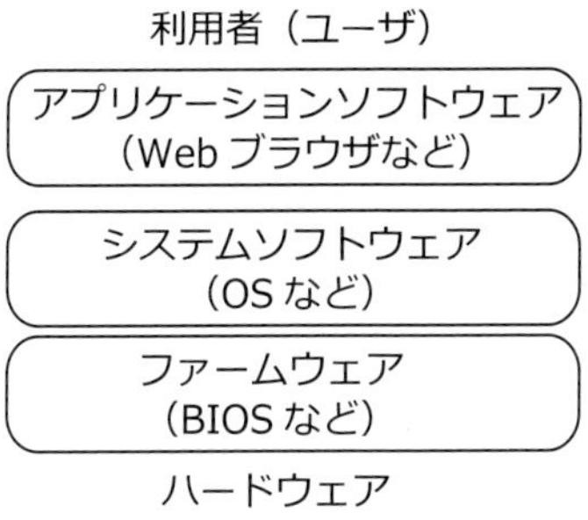

利用者（ユーザ）

アプリケーションソフトウェア
（Web ブラウザなど）

システムソフトウェア
（OS など）

ファームウェア
（BIOS など）

ハードウェア

図 **5.1** 3 種類のソフトウェアの上下関係

図 5.1 から，ファームウェアはハードウェア側に非常に近い部分で動作しているのに対して，アプリケーションソフトウェアは実際の作業処理側に近い部分で動作するソフトウェアであることがわかる．ただし，書籍や人によりこれら 3 種類の定義の境界線は必ずしも定まっておらず，例えばファームウェアをシステムソフトウェアの 1 つと見る向きもあるが，本書ではこの 3 つの分類に基づいて議論する．

以下，図 5.1 に示した 3 つのソフトウェアの種類ごとに解説する．

a．ファームウェア

ファームウェア（firmware）とは，電子機器を制御するためにハードウェア自体に内蔵されたソフトウェアであり，一般的に機器の ROM（read only memory）やフラッシュメモリに組み込まれている．その他のソフトウェアがストレージに保存されているのに対して，ファームウェアは機器本体に内蔵されており，基本的にユーザが自由に書き換えたり入れ替えたりすることを想定していない．

ファームウェアの主な役割は機器の制御であり，機器が安定的かつ高速に動作するためのソフトウェアである．ハードウェアに最も密接に関係したソフトウェアであるため，ハードウェアとソフトウェアの中間的な存在として firm（固定した，堅い）という名がつけられており，ユーザ側からは最も意識しづらいソフトウェアといえる．しかしながら，その役割は非常に重要であり，パソコンであればストレージに対する実際の書き込み・読み込み，CPU での計算処理といった実際の機器の操作を担っているのはファームウェアであり，後述する OS やアプリケーションはこのファームウェアを通じてパソコン機器とやり取りを行っている[1]．また，代表的なファームウェアである BIOS（Basic Input/Output System）や UEFI（Unified Extensible Firmware Interface）の主要な役割としてシステムソフトウェアの 1 つである OS（Operating System）への制御の引き渡しがあり，より上位の制御ソフトウェアを呼び出すためのソフトウェアという側面もある．

ここではファームウェアの具体例としてパソコンに組み込まれている BIOS を取り上げ，その役割について述べる．BIOS は，マザーボードと呼ばれるパソコンの主基板に組み込まれたファームウェアの 1 つであり，パソコン起動直後に呼び出される．コンピュータ内の各装置に対して状態確認・初期化を行い利用可能な状態にした上で，ストレージ（外部記憶装置）から OS を起動するためのブートローダと呼ばれるプログラムを読み込んで実行する．ちなみに，電源を押して

[1] ただし，現在のパソコンでは OS に組み込まれたデバイスドライバがこの役割を果たすことが多く，BIOS を含めたファームウェアによる機器の制御は一般的ではない．

から OS 起動までの一連の動作をブートストラップ（boot strap）と呼ぶ．ブートストラップという英単語は靴紐のことであり，OS 起動までの手順がかなり複雑かつ正確に行わなければならない様子が，順序良く丁寧に靴紐を編んでいかないとブーツを履けないことと似ていることからこの名前がつけられた．

また，BIOS におけるもう 1 つの重要な機能として，コンピュータに接続されたストレージ装置や入出力装置（ディスプレイ，キーボード，マウスなど）に対する制御がある．しかしながら，現在のパソコンでは OS およびアプリケーションがこれら周辺装置を直接制御する場合が多くなってきており，現在の BIOS における主な機能は，マシンの初期化と OS をロードするという準備作業にほぼ限定されている．

b. システムソフトウェア

システムソフトウェア（system software）とは，機器などの基本的な制御や管理を行うためのソフトウェア全般を指すが，ファームウェアと異なりストレージに格納されており，ユーザとハードウェア間のインタフェースとして機能する．代表的なシステムソフトウェアとしては OS（operating system）[*2] やミドルウェア，コンパイラ，デバイスドライバがある．ただし，その範囲は必ずしも明確ではなく，広義ではハードウェアの制御，管理に関わるソフトウェア全般であり，コンピュータを動作させる基幹となるサービスを提供するソフトウェアのことを指すのが一般的である．

ここでは，最も代表的なシステムソフトウェアとして OS とミドルウェアを取り上げ，解説する．

①OS: OS（operating system）はその名の通りコンピュータの操作（運用・運転）全般を司るソフトウェアであり，代表的なパソコン向け OS としては Windows や macOS, Linux, Unix などがある．OS は基本ソフトウェアとも呼ばれ，OS 上で起動するアプリケーションソフトが動作するための基盤としての役割を担う．各アプリケーションソフトは OS の提供する機能を共通して利用することができるため，基本的にその OS が動作するどんなコンピュータ上でも利用できることになり，ハードウェアの仕様の細かな違いといったことを気にする必要から解放される．

具体的な OS の役割としては，入出力装置やメモリ・ストレージの管理，マルチタスクなどのプロセス管理，GUI などのユーザインタフェース，データ通信の制御などであるため，OS はユーザやアプリケーションプログラムとハードウェアの中間に位置するソフトウェアと捉えることができる．

なお，OS の中核を構成するソフトウェアのことを特にカーネル（kernel）と呼び，ハードウェアとアプリケーションソフト間の実際のデータ処理などを実現している．ここではカーネルの詳細な説明は省くが，システムの資源管理を行い，ハードウェアと各アプリケーションソフトウェアのやりとりを管理，実現しているのがカーネルであることは覚えておく必要がある．

OS は上述のパソコンだけでなく，例えばスマートフォンやタブレットであれば Android や iOS などがあり，デジタルカメラ，生活家電といったありとあらゆる機器に搭載されている．

②ミドルウェア: ミドルウェア（middleware）とは，上述の OS とアプリケーションソフトウェアとの中間に入るソフトウェアの総称である．ミドルウェアは OS 機能の拡張もしくはアプリケーションソフトの汎用的な機能を集めたものとして定義することができるが，概念的には「あ

[*2] 基本ソフトウェアとも呼ぶ．

る機能に特化した OS とアプリケーションをサポートするソフトウェア」として考えることができる．代表的なミドルウェアとしては，データベース管理システム（DBMS）や Web サーバ用ソフトウェア "Apache HTTP Serve" などがある．

　ミドルウェアは一般的な OS が有していないアプリケーションソフトにとって汎用的な機能を提供するソフトウェアであるため，OS とアプリケーションソフトの中間（middle）に位置するソフトウェアと捉えることができる．ミドルウェアは複数のアプリケーションソフトに共通する汎用的な機能を提供するソフトウェアであるため，システムの安定性，高速性が重要視される．そのため，ミドルウェアは OS に負荷をかけすぎないよう配慮する必要があり，一般的なアプリケーションソフトに比べ OS の特性を十分踏まえた実装となっている．

5.1.3　アプリケーションソフトウェア

　アプリケーションソフトウェア（application software）は，応用ソフトとも呼ばれ，我々が最も身近に活用しているソフトウェアサービスであり，特定の目的を実現するために OS 上で動作するソフトウェアの総称である．アプリケーションソフトウェアの代表的なものとしては，文書作成機能（ワープロ）を持つ Word や一太郎，表計算を行う Excel，コミュニケーションツールである LINE などがある．アプリケーションソフトの重要な点は，原則的に OS の提供する機能に準拠して開発されるため，ハードウェアを特に意識することなく開発されている点である．

　アプリケーションソフトの中でも世の中の多くの人が共通的に利用できるものとして，汎用化して販売されているものをパッケージソフトウェアと呼ぶ．また，スマートフォン用に開発されたアプリケーションは特に「アプリ」と略して呼ばれることが多い．

5.1.4　ソフトウェアとプログラムの関係

　上記で述べたソフトウェアはすべてプログラムにより実現されているため，プログラムはソフトウェアの本体そのものといえる．プログラムは「一定の処理を手順どおり行うもの」という意味を持ち，コンピュータに対する命令をデータとして記述したものである．

　プログラムを人間が解読できるテキスト情報として記述する文法が下記で述べるプログラミング言語であり，プログラミング言語に従って書かれたテキスト，もしくはそのテキストを CPU が理解できる機械語に変換（コンパイル）されたものがプログラムである[*3]．

　プログラムを書く作業のことをプログラミングといい，ソフトウェアはすべてプログラムで記述されるため，ソフトウェア開発はプログラミングと同義の言葉として扱われる．また，プログラミングする人のことをプログラマと呼ぶ．

5.1.5　プログラミング言語

　プログラミング言語には様々な種類があり，実行方式や用途によって使い分けるのが一般的である．例えば，近年大きなブームとなっている人工知能分野であれば Python が（事実上）標準

[*3]　プログラミング言語の文法に従って記述されたテキストファイルをソースファイル（source file），ソースプログラム（source program），ソースコード（source code）あるいは単にソースやコードと呼び，コンパイルされ実行可能な形式になったプログラムを実行ファイルと呼ぶ．また，実行ファイルはコンピュータにとって理解しやすい 2 進数表記のバイナリファイルとして生成される．

のプログラミング言語となっているのに対して，インターネットを介してアプリケーションサービスを提供する Web アプリケーションであれば JavaScript などが多く用いられている．

また，多くのプログラミング言語は英語をベースとした記述方法が用いられており，日本語や英語といった自然言語に比べ文法が厳密であり，正確性と完全性の要求が非常に高いという特徴を持つ．これは，プログラミング言語がコンピュータに対する「処理手順を記述するための指示書」を作成するための言語であり，あいまいな指示や文法的な間違いが含まれていた場合にコンピュータが正しく解釈することができないためである．

プログラミング言語は常に進化しており，新たなニーズを満たすため毎年のように新しいプログラミング言語が開発され，その時々により流行りすたりがあるのもプログラム言語の特徴の 1 つである．

プログラミング言語に対しては様々な分類がされているが，その 1 つに高水準言語と低水準言語という分類がある．これらは高級言語，低級言語とも呼ばれ，高水準言語は我々が普段使っている言葉（英語）に近い抽象的な記述が可能なのに対して，低水準言語はよりコンピュータ寄りの記述，つまり一見しただけでは処理内容を理解しづらくハードウェア依存のプログラムとなる．

表 5.1 に，高水準言語と低水準言語の特徴についてまとめた．

表 5.1　高水準言語と低水準言語の比較

高水準言語	低水準言語
処理速度がやや劣る	処理速度が速い
理解しやすい	理解しづらい
ハードウェアに依存しない	ハードウェア依存のプログラムとなる
	一方，ハードウェアに近い処理を記述することができる

高水準言語には Fortran, C, Java といった一般的なプログラミング言語の多くが該当するのに対して低水準言語の数は限られており，その代表としてはアセンブリ言語，機械語が挙げられる．

また，実行形式の視点からみたプログラミング言語の分類として，コンパイラ型言語，インタープリタ型言語という分類がある．両者はともにソースコードを機械語に翻訳・変換する仲介プログラムであるが，両者にはいくつか大きな違いがある．「コンパイル（compile, 編集）」を語源に持つコンパイラ型言語はプログラミング言語で書かれたソースコードをコンピュータが理解しやすい機械語 [*4] へ変換（この作業をコンパイルと呼ぶ）した上でプログラムが実行する．対して，"interpret"（翻訳）を語源に持つインタープリタ型言語は，事前に実行ファイルへの変換は行わずソースコードをそのまま，もしくは中間表現に変換するだけで逐次的に解析を行い実行する．概念的には，インタープリタ型では同時通訳のような形で機械語への翻訳が行われると捉えるとイメージしやすいかもしれない．

ここでは，それぞれの種類ごとに代表的なプログラミング言語を取り上げながら，それぞれの特徴について解説する．

a.　コンパイラ型言語

コンパイラ型言語（compiler language）とはその名のとおり，ユーザがプログラム言語で記述

[*4]　機械語（machine code, machine language）とは CPU などのプロセッサに直接命令を与える言語であり，一般的に 2 進数のビット列で表現される．

したソースコードをコンパイラという仲介ソフトによってコンピュータで実行できる形式に変換（翻訳）するタイプのプログラム言語である [*5]．代表的なコンパイラ型言語として，Fortran, C, C++, Java などがある．

ただし，厳密にはソースコードをコンパイルすることで直接，実行ファイルを作成しているわけではない．コンパイラは，ソースコードを CPU などのプロセッサが解釈可能な機械語と呼ばれるオブジェクトコード・ネイティブコードにコンパイラにより変換する．プログラムが複数のソースコードファイルから成る場合，各ソースファイルをオブジェクトコードに変換した後，1つの実行ファイルに結合する必要がある．この結合作業はリンクと呼ばれ，最終的な実行ファイルを作成するためのコンパイルとリンクの工程をビルドと呼ぶ．コンパイラ型言語では，ソースファイルに対してビルド処理を行うことで実行可能な実行ファイルを生成している．

さらに，コンパイラはコンパイルのタイミングにより 2 種類に分けることができる．一般的なコンパイラが，事前にコンパイルし実行ファイルを作成するプリコンパイラ，事前コンパイラ（ahead-of-time compiler: AOT compiler）に該当するのに対して，コンパイルをソフトウェアの実行時に行う動的コンパイラ，実行時コンパイラ（just-in-time compiler: JIT compiler）がある．

実行時コンパイラの代表格である Java は C や Fortran といった言語と異なり，2 段階の翻訳を行う．これは，Java の実行を OS 依存としないための工夫である．Java では OS による違いを吸収するため Java Virtual Machine（JVM）と呼ばれる実行環境を構築し，その JVM 上で Java プログラムを実行する．具体的には，まず Java ソースコードに対してバイトコードと呼ばれる中間言語に一度翻訳する．この中間言語は，様々な OS 上で動く JVM に共通の言語である．続いて，プログラムを実行する直前に中間言語から実行可能な機械語に翻訳するためにコンパイルされる．このときに用いられるコンパイラが実行時コンパイラである．

コンパイラ型言語は，後述のインタープリタ型言語よりも時間をかけて実行ファイルを生成することができるため，より高速なプログラムを実現することができる．一方，ソースコードが変更されるたびにビルドし直す必要があり，ソースコードが大量にある場合にはビルドの時間も長くなり非効率的となる．

b. インタープリタ型言語

インタープリタ型言語（interpreter language）では，プログラム言語で記述したソースコードをインタープリタと呼ばれるソフトウェアによってプロセッサが実行できる形式に逐次的に変換し実行する．コンパイラ型言語がソースファイル全体を解析し実行ファイルへの変換をするのに対して，インタープリタ型言語では文ごとに解析し逐次実行するという違いがある．代表的なインタープリタ型言語としては，Perl, PHP, Ruby, Python などがある．

インタープリタ型言語の最大の特徴は（原則として）事前のコンパイル作業が必要なく，プログラムを実行するための手間がほとんどない点である．これは，ソースコードを修正した際の確認作業が容易に行えるなど，様々なメリットを生む．このようにインタープリタ型言語は記述してすぐに実行できるという手軽さがある一方，コンパイル型に比べて実行速度が遅いという欠点も持つ．この違いは大規模なプログラムになるほど如実に表れるため，一般的にインタープリタ

[*5] コンパイラによるこの変換作業のことをコンパイルと呼ぶ．

型言語は比較的小規模なシステム開発に向いているといわれる.

5.2 アルゴリズム

プログラムにおける処理手順を定義したものをアルゴリズム（algorithm）と呼ぶ. プログラムの本質は処理手順に該当するアルゴリズムであり，入力に対して目的とする出力を得るために合理的で無駄のないアルゴリズムを実装するかがプログラムの品質を決定づけるといっても過言ではない.

以下，プログラムとアルゴリズムの関係，アルゴリズムの良し悪しの基準となる計算量，代表的なアルゴリズムの例としてソートアルゴリズムを取り上げ，アルゴリズムの基礎について学ぶ.

5.2.1 プログラムとアルゴリズムの関係

すべてのプログラムは，入力に対して目的とする出力を得るための処理として捉えることができる. プログラムとアルゴリズムの関係を図 5.2 に示す.

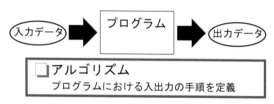

図 5.2　プログラムとアルゴリズムの関係

図 5.2 からわかるように，プログラムは何らかの入力値（入力値集合）に対して意図する出力値（出力値集合）を出すための装置のようなものであり，アルゴリズムは，この入力値に対して期待する出力値を得るまでの一連の計算手続きである.

料理を例に考えた場合，料理の手順を示したレシピはまさにアルゴリズムそのものと捉えることができる. 実際に料理する料理人や材料が異なると細かなやり方で差異は生まれても，レシピにあいまいさがなければ中身としては同じ料理を作ることができる.

ここで，改めてソフトウェア，プログラム，アルゴリズム，プログラミング言語のそれぞれの関係について整理すると，「ソフトウェアの中身にあたるものがプログラム」であり，「プログラムとは，処理手順であるアルゴリズムを何らかのプログラム言語で具現化したもの」となる.

5.2.2 アルゴリズムによる処理手順

一般に，手続き型プログラミングにおける基本的なアルゴリズムは，図 5.3 に示すように逐次実行，条件分岐，繰り返しの3種類の処理の組み合わせにより表現される.

実際のアルゴリズムでは，図 5.3 に示した3つの処理を組み合わせることで，目的とする一連の処理を記述する. ここで，アルゴリズムにおける処理手順を概念的に理解するため，図 5.4(a) に示す迷路を例に考える.

図 5.4(a) の例では，向きのある人が現在の位置から Goal（ゴール）と書かれた場所に到達す

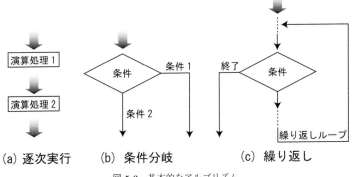

図 **5.3** 基本的なアルゴリズム

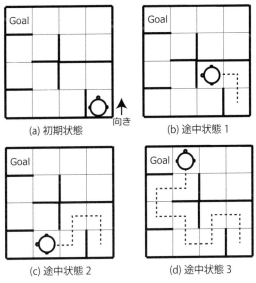

図 **5.4** 迷路図およびゴールまでの過程例

るまでの行動を考えるものとする．簡単のため，ここでは 3 つの行動，R（右に 90 度回転），L（左に 90 度回転），G（1 マス向いている方向に進む）だけを考えゴールを目指す．現在位置からゴールに向かうルートはいくつか存在するが，ここでは図 5.4(b),(c),(d) に示す途中状態 1,2,3 を経てゴールにたどり着く最短ルートを考える．

図 5.4(a) 初期状態から (b) 途中状態 1 に遷移するためには，まず 1 マス進み，左に向きを変え，さらに 1 マス進む必要がある．これらを 3 つの行動で表すと，GLG となる．続いて，(b) 途中状態 1 から (c) 途中状態 2 に遷移するための行動を同様に考えると，LGRG となる．同様に，(c) 途中状態 2 から (d) 途中状態 3 は RGLGRGRGLG となり，(d) からゴールに到達するための行動は，LG となる．よって，初期状態からゴールにたどり着く一連の行動は，GLGLGRGRGLGRGRGLGLG となり，これがアルゴリズムにおける処理手順に該当する．

ここで図 5.3 に示した (c) 繰り返しも考慮して考えてみる．ここでは，繰り返しを意味する「loop（処理，繰り返し数）」という新たな行動を定義する．この定義を用いると，例えば GLGL という行動は loop(GL,2) と表現することができる．この loop を用いて先ほどの行動「GLGLGRGR-GLGRGRGLGLG」を表すと「loop(GL,2)loop(GRGRGL,2)GLG」と多少見やすく表現するこ

とができる．この例のように繰り返し処理を用いることで，より表現を簡潔かつ理解しやすいものにすることができる．

　このように，プログラミングとは「繰り返し処理や条件分岐を駆使しながら処理手順（アルゴリズム）を考え，任意のプログラミング言語を用いてその処理内容を記述すること」と捉えることができる．

5.2.3　アルゴリズムにおける計算量

　アルゴリズムにおける重要な評価項目の1つに，必要とする処理時間がある．これは，そのアルゴリズムを実行したときに終了するまでかかる時間のことであり，一般的にはより一般化した概念である時間計算量（time complexity）によりアルゴリズムの処理時間を表現する．時間計算量は，アルゴリズムを実行したときの命令の数を意味する．

　この時間計算量の概念に基づいてアルゴリズムの計算量を表す最も標準的なものが，「O 記法（O-notation）」である．O 記法における基本パラメータは入力データの数を表す n であり，計算量（complexity）は n の関数として表現される．ちなみに，この "O" はオーダ（order）を表しており，ここでの計算量は実行されるステップの回数により定義される．以下，O 記法の定義を示す．

―――― O 記法の定義[1) ――――

計算量 $T(n)$ がある関数 $f(n)$ に対して $O(f(n))$ であるとは，適当な2つの正の定数 n_0 と c が存在して，$n \geq n_0$ となるすべての n に対して，$T(n) \leq cf(n)$ が成立すること．

　上記の定義を図 5.5 に示す．図中における $T(n)$ が実際のアルゴリズムの計算量であり，$cf(n)$ はその計算量 $T(n)$ を n_0 以上の領域（$n \geq n_0$）において上回る関数を表している．このような関係を持つ $f(n)$ は，$T(n)$ の漸近的上界（asymptotic upper bound）と呼び，O 記法では，$T(n)$ を $O(f(n))$ と定義している．

　概念的には，n が無限大の場合における主要項（n が大きくなるにつれて1番大きな項）のみを残して，それ以外の項は無視，また主要項の係数も無視して考えた関数として $f(n)$ を捉えることができる．例えば，あるアルゴリズムの計算量 $T(n)$ が $an^2 + bn + c$ である場合には，単に $O(n^2)$ であるという．

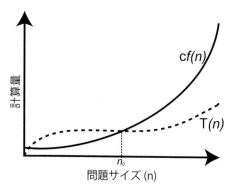

図 5.5　オーダ記法の定義に関する概念図

　このような漸近的な評価方法はアルゴリズムをおおまかに比較する上で非常に重要であるが，n が小さい場合には省略している主要項の係数および主要項以外の部分に左右されることもある．

　また，<u>最悪計算時間</u> と <u>期待される計算時間</u> も区別する必要がある．これらの計算時間の差は，入力されるデータの性質により生じる．

　計算量に関する具体例として，比較的単純なソートアルゴリズムである挿入ソートを取り上げその計算量について考える．以下，データ数 n の配列 arr に対する挿入ソートを Python 言語で表現したプログラムを示す．ここでは簡単のため，第 i 行目を実行するのに c_i 時間かかるものとする（ただし，この c_i は定数とする）．

行番号	プログラム	計算量	回数
1	`def insertionSort(arr):`	c_1	1
2	`    for i in range(1, len(arr)):`	c_2	n
3	`        tmp = arr[i]`	c_3	$n-1$
4	`        j = i-1`	c_4	$n-1$
5	`        while j >=0 and tmp < arr[j] :`	c_5	$\sum_{i=1}^{n-1} t_i$
6	`            arr[j+1] = arr[j]`	c_6	$\sum_{i=1}^{n-1}(t_i-1)$
7	`            j -= 1`	c_7	$\sum_{i=1}^{n-1}(t_i-1)$
8	`        arr[j+1] = tmp`	c_8	$n-1$

　上記における t_i は，5〜7 行目における while ループが 2 行目で設定される i の値に対して繰り返される回数である．

　ここで，挿入ソートにかかる実行時間 $T(n)$ を求めるため，計算量と回数の列の積和を求める．

$$T(n) = c_1 n + c_2(n-1) + c_3 \sum_{i=1}^{n-1} t_i + c_4 \sum_{i=1}^{n-1}(t_i-1) + c_5(n-1) \tag{5.1}$$

　たとえ入力サイズが同じであっても，アルゴリズムの実行時間は，どのような入力が与えられるかによって異なる．例えば，配列が既に昇順にソートされているような場合，各 $i = 1, 2, \ldots, n-1$ に対して i が初期値となる 3 行目において $a[j-1] \leq tmp$ となる．そのため，$i = 1, 2, \ldots, n-1$ に対して $t_i = 1$ となり下記のように $O(n)$ の最良実行時間となる．

$$T(n) = c_1 n + c_2(n-1) + c_3(n-1) + c_5(n-1) \tag{5.2}$$

　逆に配列が逆にソートされていた場合（降順にソートされていた場合）には，最悪の実行時間となる．この場合には，各要素 $a[i]$ は，ソート済みの目的列（$a[0], \ldots, a[i-1]$）と比較する必要がある．そのため，$i = 1, 2, \ldots, n-1$ に対して $t_i = i$ となる．ここで，

$$\sum_{i=1}^{n-1} i = \frac{n(n-1)}{2}, \tag{5.3}$$

$$\sum_{i=1}^{n-1}(i-1) = \frac{(n-1)(n-2)}{2} \tag{5.4}$$

となるため，最悪実行時間は下記のように $O(n^2)$ のなる．

$$T(n) = c_1 n + c_2(n-1) + c_3\left(\frac{n(n-1)}{2}\right) + c_4\left(\frac{(n-1)(n-2)}{2}\right) + c_5(n-1) \qquad (5.5)$$

上記からわかるように，挿入ソートはほぼ（昇順に）ソートされている場合に適している．しかし，一般に入力データが順にソートされていることはないため，挿入ソートの一般的なオーダは $O(n^2)$ である．

O 記法の代表的な例

ここで，O 記法の実行時間の感覚をつかむために，$O(1)$, $O(\log n)$, $O(n)$, $O(n\log n)$, $O(n^2)$, $O(2^n)$ の代表的なアルゴリズムについて示す．

- $O(1)$

  どんな入力に対しても，問題の大きさ（データ規模）に依存しないコードを実行するだけで答えが得られるアルゴリズムである．例えば，与えられた数が 2 で割り切れるかどうかは，与えられた数の末尾 1 桁により判定することができる．この場合，常に決まったコード（末尾 1 桁が偶数か奇数か）で判定できるため，$O(1)$ となる．

- $O(\log n)$

  処理を 1 ステップ進めるたびに，調べる範囲が定数分の 1 になるアルゴリズムである．例えば，配列上の 2 分探索は 1 ステップ進むたびに調べる範囲が半分となるため，$O(\log n)$ となる．また，こういったアルゴリズムを「対数アルゴリズム」とも呼ぶ．

- $O(n)$

  入力をすべて 1 通り調べるアルゴリズムである．入力されたデータから最大値を調べるアルゴリズムなどはこれにあたる．また，線形探索では先頭から末尾まですべての要素を一通り調べるが，これも $O(n)$ である．このようなアルゴリズムを「線形アルゴリズム」とも呼ぶ．

- $O(n\log n)$

  定数個の部分問題に分割してそれぞれの解を求め，それらの解を併せて全体の解を導き出すようなアルゴリズムである．例えば，クイックソートといった多くの高速ソーティングアルゴリズムはこれにあたる．これらのアルゴリズムでは，入力を調べて 2 つに分割し，それぞれの解を求めて全体の解を決定する方法（分割統治アルゴリズム）を使用しているためである．標準的な分割統治アルゴリズムは，計算量が $O(n\log n)$ となるため，結果として多くのアルゴリズムがこの計算量となる．

- $O(n^2)$

  2 重のループを作成，入力のそれぞれの対をすべて調べるアルゴリズムによくみられる．また，挿入ソートの例のように n の入力全体をみて 1 つを選択し，次に残りの $n-1$ の全体をみて 1 つを選択するといった作業，$\sum_1^{k=n} k = n(n+1)/2$ の手間がかかるようなアルゴリズムも，O 記法では $O(n^2)$ と表される．

- $O(2^n)$

  これは，出現するすべての組み合わせについて条件を満たすかどうかを調べるといった，力任せのアルゴリズムにみられるものである．いわゆる全探索と呼ばれるものであり，問題の

大きさが1増加するだけで実行時間が倍増するという性質を持つ. 問題規模が一定以上の場合には実用的な手法ではなく, "指数的なアルゴリズム" と呼ばれる.

5.2.4 ソートアルゴリズム

アルゴリズムにおける最も代表的な例は, ソートアルゴリズム（sort algorithm）である. ソートとは, 与えられたデータ集合に対して, キーとなる項目の大小関係に基づいて一定の順序に並び替えることを意味する. 例えば, 学籍番号順であれば学籍番号がキーとなり, 背の順番といった場合には身長がキーとなる.

ソートのためのアルゴリズムには様々な方法が考案されており, それぞれ特徴が異なる. ここでは, ソートにかかる計算量（オーダ）に注意しながら挿入ソート, クイックソートの2つのソートアルゴリズムについてみていく.

5.2.5 挿入ソート

挿入ソート（Insertion-Sort）は, 数あるソートアルゴリズムのなかでも最もシンプルなアルゴリズムの1つである. 挿入ソートは, 着目要素を1つずつずらしていき適当な位置へ挿入するという操作によりソートを行うアルゴリズムであり, 概念的には, トランプカードを昇順に並べ替える方法を思い浮かべると良いかもしれない.

挿入ソートの手順を図5.6に示す. 図5.6では, 数字列を先頭から順に着目していき, 着目している場所より前の整列されている数字列の適当な位置へ挿入するという操作の繰り返しが示されている.

この挿入ソートのPythonによるプログラム例を以下に示す.

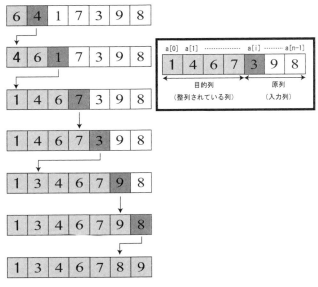

図 5.6 挿入ソートの手順

挿入ソートプログラム

```
def insertionSort(arr):
    for i in range(1, len(arr)):
        tmp = arr[i]
        j = i-1
        while j >=0 and tmp < arr[j] :
                arr[j+1] = arr[j]
                j -= 1
        arr[j+1] = tmp
```

　上記のプログラムでは，配列 arr[] に対して添え字 i を 1 から始めて，1 つずつ増加させながら，arr[i] を取り出しそれを目的列の適当な位置に挿入するという操作を繰り返している．「適当な位置への挿入」方法としては，着目要素をその値より小さな要素に出会うまで 1 つ左側の要素への代入操作を繰り返すことにより実現している．

　なお，挿入ソートはソート済みのデータ集合に対して $O(n)$ の最良実行時間でソートを行い，逆順にソートされたデータ集合に対して最悪の実行時間 $O(n^2)$ となる．一般に，平均として $O(n^2)$ の計算時間であることが知られている．

5.2.6　クイックソート

　クイックソート（quick sort）は，1960 年に C. A. R. Hoare により考案された最も高速かつ最も有名なソートアルゴリズムの 1 つである．クイックソートの原理は，配列の小さな要素と大きな要素に分割し，それぞれの配列の中で同様の分割を再帰的に行うことに基づいている．主なプロセスを以下に示す．

Step 1.　配列の要素を 1 つ選択しピボットとする [6]．

Step 2.　ピボット要素の値未満のグループ（小さいグループ）と値以上のグループ（大きいグループ）に分割．

Step 3.　分割された個々のグループで Step 1〜3 を再帰的に行う．

　クイックソートの手順を示したものを図 5.7 に示す．図からわかるように，クイックソートではピボット未満，ピボット以上のグループへの分割を繰り返すことにより徐々に要素の並びを整えていく．なお，図中ではピボットの決め方として，配列グループの先頭を用いているが，どのような決め方でも構わない．ただし，ちょうど半々にグループが分割するようなピボットが理想的となる．このピボット選択の重要性については後で触れる．

　上述のプロセスからわかるように，クイックソートは「グループの分割」と「自身の再帰的呼び出し」の 2 つの操作に基づいて行われる．以下，「グループの分割」について説明を行い，実際のクイックソートのプログラムについてみていく．

---

[6]　ピボット（pivot）は，中心，軸という意味を持ち「枢軸」と訳される．

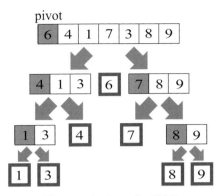

図 5.7　クイックソートの概念図

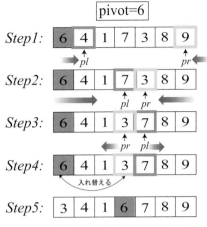

図 5.8　クイックソートにおける分割手順の例

グループの分割

配列をピボット未満，ピボット以上のグループへ分割する方法について考える．いま，ピボット以上の要素は配列の右側に，ピボット未満の要素は配列の左側に移動させたいものとする．そのためには，左端から見てピボット未満ではない要素と右端から見てピボット以上でない要素を探し出し互いに交換すれば良い．この考えに基づいてグループ分割している例を図 5.8 に示す．

図 5.8 では配列の両端の要素の添え字として pl を左カーソル，pr を右カーソルとして表しており，pl より左側にピボット未満の要素を集め，pr より右側にピボット以上の要素を集めている．

図 5.8 について各 Step ごとに説明する．まず，Step 1 においては下記の操作を行っており，その結果が Step 2 となっている．

- a$[pl] > x$ が成立する要素が見つかるまで右へと走査
- a$[pr] <= x$ が成立する要素が見つかるまで左へと走査

ここで，左右のカーソルが指す要素 a$[pl]$ と a$[pr]$ の値を交換する（Step3）．再び走査を続けると Step 4 のようなカーソルが交差した状態（$pl > pr$）となる．この状態においてピボットと a$[pr]$ を入れ替えると Step 5 の状態となる．このとき，配列は真ん中にピボットを挟み下記のように分割されている．

左グループ　ピボット未満グループ：a$[0]$, ..., a$[pr-1]$
右グループ　ピボット以上グループ：a$[pr+1]$, ..., a$[n-1]$

クイックソートプログラム

図 5.9 は，上記のグループ分割を利用したクイックソートプログラムの概念図である．クイックソートでは，配列の分割を行う関数 quick を再帰的に呼び出すことで，全体のソートを実現している．具体的には，まず関数 quick によりグループ分割を行い，その後，左側・右側グループそれぞれにおいて再帰的に関数 quick を呼び出す．これを要素が 1 になるまで繰り返すことで配列全体のソートを実現している．

クイックソートの優れた点の 1 つは，分割後にはピボットが必ず正しい順番に位置していること，また分割の過程で配列の要素が自然と正しい順番に位置するようアルゴリズムが設計されている点である．通常，トップダウン的に処理を行った場合，ボトムアップ的に結果をまとめあげる作業が必要になる．しかしクイックソートでは，トップダウン処理の過程で配列の要素は正し

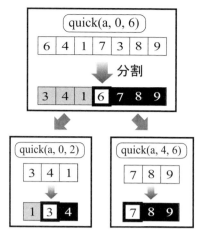

図 5.9　分割とクイックソート呼び出しの関係

い順番に位置するためこのまとめあげ作業が必要ない. これが, クイックソートが他のソートア
ルゴリズムに比べ高速な理由の 1 つである.

ピボットの選択

ここでピボット選択について触れておく. ピボットの選択方法に規則はなく, 配列の左端, 中
央, 右端などどの要素をピボットとして選択しても良い. ただし, 理想的にはちょうど半々にグ
ループが分割するような中央値をピボットとして選ぶべきである.

もし, 1 つとその他というグループ分けを行うピボットを選び続けた場合には, 計算量は最悪と
なり $O(N^2)$ となる. 逆にちょうど半々にグループが分割するようなピボットを選んだ場合, 最
良の計算量 $O(N \log N)$ となる. 一般的には, 平均として $O(N \log N)$ の計算量であることが知
られている.

しかしながら, ちょうど真ん中の中央値を求めるにはある程度の計算処理が必要となり, クイッ
クソートの高速性が犠牲となるリスクがある. そのため, 最悪の場合を避けることが期待される
下記のような方法が比較的よく用いられる.

> 分割すべき配列の要素数が 3 以上であれば, 先頭の要素, 中央の要素, 末尾の要素の 3 値の
> 中央値を持つ要素をピボットとして用いる.

演 習 問 題

1) 以下のソフトウェアのうち「システムソフトウェア」に該当するものをすべて選べ.
   - a) BIOS
   - b) UEFI
   - c) macOS
   - d) コンパイラ
   - e) Apache HTTP Server
   - f) Microsoft Office
   - g) Adobe Acrobat

2) 以下の言語のうち「低水準言語」の特徴をすべて選択せよ.

    a) 処理速度が速い.

    b) ハードウェアに依存しない.

    c) 理解しづらい.

    d) 抽象的な記述が可能.

3) 以下の言語のうち「インタープリタ型言語」に分類されるものをすべて選択せよ.

    a) PHP

    b) C

    c) Perl

    d) Java

    e) Python

    f) C++

4) 次のような計算量 $T(n)$ について,正しいオーダを選べ.

$$T(n) = 3n^2 + 7n \log 3^n + n$$

    a) $3n^2$

    b) n^2

    c) $7n \log 3^n$

    d) $n \log 3^n$

    e) $n \log n$

    f) n

5) クイックソートでは,扱うデータの並びによって計算量が大きく異なる.どのような場合に最も少ない(最良な)計算量となるのか,正しい説明文をすべて選択せよ.

    a) 昇順にソート済みの場合.

    b) 降順にソート済みの場合.

    c) 完全にランダムに並んでいる場合.

    d) ピボットによる分割が常に 2 等分となる場合.

    e) ピボットによる分割が常にどちらかに不均等な場合.

6) 9 枚のコインの中に 1 枚だけ重さの軽い偽コインがあるとする.天秤をできるだけ使わずに偽コインを見つけたい.最小となる天秤の使用回数を答えよ(ヒント:1 回目の比較において両天秤 3 枚ずつのコインで比較すると,偽物コインの候補を 3 枚に絞ることができる)[*7].

文　　　献

1) 広瀬貞樹, あるごりずむ, 近代科学社, 2006.

[*7] これは,偽物のコインと天秤という非常によく知られた問題である.

6

コンピュータネットワーク

コンピュータネットワークとは，様々なコンピュータを通信回線によって相互に接続したネットワークのことであり，コンピュータが持つ処理能力や記憶領域などの計算資源やそこに蓄えられた情報を共有するために，あるいは，コンピュータを介してコミュニケーションをとるために利用される．コンピュータネットワークの代表例は，世界中に張り巡らされたインターネットであり，このインターネットは，管理サーバが全体を制御するような集中制御型のシステムではなく，各コンピュータが自律的に制御を行った上で全体が協調して動作する分散制御型のシステムである．このような全体の管理者が不在のインターネットを，我々は日々利用し，そこで社会活動や経済活動を行っている．インターネットは我々の生活に欠くことのできない社会基盤であり，本章では，この分散制御型のシステムが社会基盤として必要な要件をどのように満たしているかを理解することを目的として，インターネットのデータ送受信ルール（通信プロトコル）であるIP（Internet Protocol）とTCP（Transmission Control Protocol）が高可用性と高信頼性を実現するしくみについて説明する．なお，本章では，可用性とはコンピュータネットワークを利用できること，信頼性とはコンピュータネットワークがデータを確実に届けること，といった意味で用いている．

本章では，まず6.1節でインターネットの概要を示し，6.2節でその要件を説明する．次いで，6.3節で通信プロトコルの階層構造を示し，6.4節でIPの役割，6.5節でTCPの役割を説明する．そして，最後に今後の課題について述べる．

6.1 インターネットの概要

本節では，インターネットの概要を理解するためにまずその構成要素を示し[1]，次いでインターネットの構成を説明する[2]．

6.1.1 コンピュータネットワークの構成要素

本章ではコンピュータネットワークの構成要素を，アプリケーション，エンドシステム，ネットワークに分けて考える（図6.1）．

(i) アプリケーション　　コンピュータネットワークを介して動作する利用者向けのコンピュータプログラムをアプリケーションと呼ぶ．例えば，ウェブページを要求し表示するプログラム（ウェブブラウザ）と，要求に応えてウェブページの提供を行うプログラム（ウェブサーバ）である．

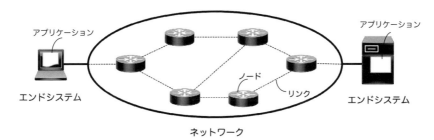

図 6.1 コンピュータネットワークの構成要素

(ii) エンドシステム　アプリケーションを動作させているコンピュータをエンドシステムと呼ぶ．利用者が直接利用するエンドシステムの例はパーソナルコンピュータやスマートフォンなどであり，利用者がネットワークを介してアクセスする遠隔のエンドシステムの例はウェブサーバ用コンピュータである．エンドシステムのことをホストと呼ぶこともある．

(iii) ネットワーク　エンドシステム上のアプリケーションに対して，エンドシステムの間で通信経路を形成しデータを転送する機能を提供するコンピュータネットワークを，略してネットワークと呼ぶ．ネットワークは，ノード（中継装置）と，ノードとノードの間やノードとエンドシステムの間を接続するリンク（有線または無線の通信回線）の集合である．

6.1.2 インターネットの構成

　インターネットの構成を，エンドシステムが設置されているネットワーク，幹線部分のネットワーク，それらの間を接続するネットワークに分けて説明する（図 6.2）．

a. ホームネットワーク／企業ネットワーク

　宅内に敷設されたネットワークをホームネットワーク，企業などの組織ごとのネットワークを企業ネットワークと呼ぶ．これらのネットワークは，利用者側のエンドシステムが宅内や企業内に置かれているときに，ネットワークに接続できるよう次の機能を提供する．

- エンドシステムの認証：ネットワークに接続しようとするエンドシステムやその利用者を確認し，ネットワークに接続しても良いかを判断する．
- ネットワーク接続設定：エンドシステムに対して，ネットワーク接続位置を表すアドレス（IPアドレス（6.4 節にて説明））などのネットワーク接続に必要な情報を与える．
- 外部からの攻撃に対する防御：外部のエンドシステムからの攻撃や不正な侵入を防ぐ．この

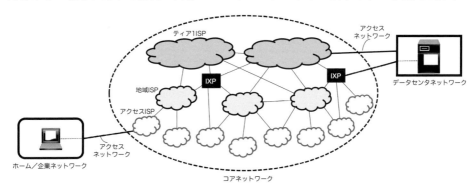

図 6.2 インターネットの構成

とき，外部との境界に設置した防御システムをファイアウォールと呼ぶ．

- アドレス変換：宅内や組織内だけで識別可能な IP アドレス（プライベート IP アドレス）を持つエンドシステムが外部と通信を行う際に，外部でも識別可能な IP アドレス（グローバル IP アドレス）に変換する．

b. データセンタネットワーク

データセンタ内のネットワークをデータセンタネットワークと呼ぶ．大量のサービス提供用コンピュータ（サーバコンピュータ）を接続している．

c. アクセスネットワーク

アクセスネットワークとは，ホームネットワークや企業ネットワーク，あるいは，データセンタネットワークといったエンドシステムが置かれた建物のネットワークから，インターネットの幹線部分までの接続を行うネットワークを指す．

利用者側へのアクセスネットワークとして，有線ネットワークと無線ネットワークのそれぞれでサービスが提供されている．有線ネットワークの場合は，ケーブルテレビ用の回線を利用したサービス（cable television (CATV)），既存の加入者電話回線を利用したサービス（digital subscriber line (DSL)），光ファイバを利用したサービス（fiber to the home (FTTH)）などである．また，無線ネットワークの場合は，モバイルネットワークなどである．

d. コアネットワーク

インターネットの幹線部分をコアネットワークと呼ぶ．コアネットワークは，インターネットサービスプロバイダ（Internet Service Provider (ISP)）と呼ばれるインターネットへの接続サービスを提供する事業者のネットワークの集合体，つまり，ISP ネットワークのネットワークである．ISP は，世界規模の通信サービスを提供する ISP（ティア 1 ISP, tier-1 ISP），国や各地域の通信サービスを提供する ISP（地域 ISP, regional ISP），利用者・エンドシステムから地域 ISP への接続サービスを提供する ISP（アクセス ISP, access ISP）に大別でき，コアネットワークはそれらの ISP ネットワークの階層的な構成になっている．Tier-1 ISP は世界に 10 社程度であり，AT&T 社，Sprint 社，NTT コミュニケーションズ社などが含まれる．コアネットワーク内では，各 ISP のネットワークは他の ISP のネットワークと直接接続するほか，インターネット相互接続点（Internet Exchange Point (IXP)）を通じて多数の ISP と接続している．

6.2 インターネットの要件

利用者がコンピュータネットワークあるいはインターネットを利用できるようにするためには，次のような要件を満たす必要がある[1,3]．

- 可用性（availability）：ネットワークが稼働していて利用可能であること．
- 性能（performance）：アプリケーションに必要な通信性能が満たされていること．
- 安全性（security）：エンドシステムが攻撃を受けないなど，安全が確保されていること．
- 使いやすさ（usability）：エンドシステムを自動的にネットワークに接続してくれるなど簡単にネットワークが利用できること．
- 保守性（supportability）：障害などの問題が発生したときに即時対応してくれること．また，

ドキュメントなどの必要な情報が揃っていること.

- 提供価格（affordability）：サービスの価値と釣り合った手ごろな価格でサービスが提供されていること.

これらの要件のうち，可用性と性能については，エンドシステムからエンドシステムへ至るネットワーク全体で満たされている必要がある. それ以外の要件は，利用者に対して，エンドシステムを直接収容しているホームネットワークや企業ネットワークまたはアクセスネットワークが主体となって満たすべき要件である. 以降では，ネットワーク全体のしくみを理解する観点から可用性と性能について説明する[1,2].

6.2.1 可 用 性

コンピュータネットワークの可用性とは，エンドシステムからエンドシステムへのネットワークが利用できる状態にあることを示す指標である. 可用性は，次のように，利用者にとってネットワークが利用できる時間の割合として定義される.

$$可用性 = \frac{平均故障間隔}{平均故障間隔 + 平均修復時間} \tag{6.1}$$

- 平均故障間隔（mean time between failures (MTBF)）：ネットワーク内部のノードやリンクの全体としての故障の平均発生間隔. 1/故障率 に等しい. ネットワークの平均的な連続稼働時間とみなせる.
- 平均修復時間（mean time to repair (MTTR)）：故障したノードやリンクが修理を終えるまでの平均時間. ネットワークの平均的な停止時間とみなせる.

例えば，銀行ネットワークなどのきわめて重要なネットワークでは，“five nine” と呼ばれる99.999%の可用性が必要といわれる. これは，予期しない停止時間を 1 週間に 6 秒，1 年間で 5 分程度以内に抑えることが必要であるということを意味する.

6.2.2 性 能

ネットワークの性能を表す指標として，データ転送速度，遅延時間，パケット損失の 3 項目について説明する.

a. データ転送速度

ネットワークのデータ転送速度に関連した性能値として，容量とスループットがある.

(i) 容 量 容量（capacity）とは単位時間あたりに伝達される情報量のことであり，リンクやノードごとに，その仕様などによって決められた固定的なデータ転送性能を指す. 帯域（bandwidth）とも呼ばれ，単位はビット/秒（bit per second (bps)）である.

(ii) スループット スループット（throughput）とは，エンドシステムからエンドシステムへとエラーとならずに転送された単位時間あたりのデータ量を指す. これは，その時々のネットワークの利用状態や混雑の度合いによって変化する. 例えば，エンドシステムが他のエンドシステムへ A ビットのデータの送信を完了するのに B 秒かかった場合，平均のスループットは A/B bps となる.

b.　遅 延 時 間

ネットワークの遅延時間に関連した性能値として，エンドシステムからエンドシステムへの遅延時間，ジッタ，応答時間がある．

(i)　エンドシステムからエンドシステムへの遅延時間　　エンドシステムからエンドシステムへ（end-to-end）の遅延時間とは，エンドシステム間を1パケットが送信されるときにかかる時間と定義する．パケットとは，エンドシステムからエンドシステムへと送るデータの全体のうち，送信用に分割されたデータのひとかたまりのことである．パケットがノードを経由するごとに次の時間が必要である．

- 処理遅延時間（processing delay）：ノードがパケットの転送先を決めるなどの処理を行うための時間．
- キューイング時間（queuing delay）：パケットがキュー（処理を待っているパケットの格納領域）に格納されている時間．
- 転送遅延時間（transmission delay）：ノードがパケットをリンクに送信する時間．
- 伝播遅延時間（propagation delay）：パケットがリンクを運ばれる時間．リンクの物理媒体を伝わっていく速度であり，光の速度にほぼ等しい．

エンドシステムからエンドシステムへの遅延時間は，これらの遅延時間を，エンドシステム間の通信経路にあるノード数分だけ足し合わせた値である．

$$\text{エンドシステムからエンドシステムの遅延時間} =$$
$$\sum_{\text{ノード}} (\text{処理遅延時間} + \text{キューイング時間} + \text{転送遅延時間} + \text{伝播遅延時間}) \tag{6.2}$$

ネットワークの構成により，エンドシステム間の遅延時間に対して各遅延時間が占める割合は変化する．例えば，日本と海外との通信のようにノード間の距離が長い場合は，相対的に伝播遅延時間の占める割合が大きくなる．一方，日本国内の通信のようにノード間の距離が短い場合は，相対的に処理遅延時間の占める割合が大きくなる．

(ii)　ジッタ　　ジッタ（jitter）とは，パケットごとのエンドシステム間の遅延時間の変動を指す．ジッタが大きいとは，送信側エンドシステムからパケットを等時間間隔で送信しても，受信側エンドシステムで受信されるときには間隔がばらついていることを意味する．大きなジッタは音声や映像の配信での乱れの原因となる．

(iii)　応答時間　　応答時間（response time）とは，エンドシステムが対向のエンドシステムに処理を要求してから，対向のエンドシステムからその処理に対する応答があるまでの時間である．往復のエンドシステム間遅延時間に，対向のエンドシステムの処理時間を加えた時間にほぼ等しい．

c.　パケット損失

ネットワークの途中で何らかの原因によりパケットが失われることをパケット損失（packet loss）と呼ぶ．パケット損失には，パケットドロップとパケットエラーの2種類がある．

(i)　パケットドロップ　　パケットドロップ（packet drop）とは，ネットワークの内部で輻輳（パケットが増加して混雑すること）が発生し，ノードの処理能力が超えたためにノードのキューからパケットが廃棄されることを指す．

(ii) パケットエラー　　パケットエラー（packet error）とは，無線リンクで比較的起こり
やすい現象であり，ノード間でパケットを転送する際に電波障害などによってデジタル信号が正
しく伝わらないために，パケットが正しく伝達されないことを指す．

6.3　通信プロトコルの階層構造

エンドシステムからエンドシステムへとパケットを転送するために，エンドシステムとエンド
システム，エンドシステムとノード，ノードとノード，それぞれの間で多くの通信プロトコルが
決められている．これらの通信プロトコルは様々なレベルの役割を持つため，階層化された構成
となっている[2, 4]．

d. 階 層 構 造

通信プロトコルの階層化とは，上位の階層のプロトコルのデータとヘッダ（データ識別のため
の情報）をまとめてカプセル化し，下位の階層の通信プロトコルのデータとして格納する構造の
ことである（図 6.3）．階層化することで，ある階層のプロトコルを別の機能を持つプロトコルに
入れ替えても他の階層のプロトコルは影響を受けない．本節では，通信プロトコルの階層を以下
の 5 階層に分けて整理する．

(i) 物理層　　物理層は，ツイストペアケーブルや光ファイバケーブルなどの物理ケーブル
や無線リンクでビット（0 または 1 の情報量，電気信号）を運ぶ機能を受け持つ．

(ii) リンク層　　リンク層は，有線リンクや無線リンクを介して直接接続されているエンド
システムとノードや，ノードの間でパケットを送受信する機能を持つ．代表的な通信プロトコル
は Ethernet, WiFi（IEEE 802.11）である．なお，リンク層のパケットをフレームと呼ぶ．

(iii) ネットワーク層　　ネットワーク層は，リンク層によって接続されたリンク列の上で，
エンドシステムからエンドシステムへと，適切なノードやリンクを選択して通信経路を形成する
機能を持つ．代表的な通信プロトコルは IP である．なお，ネットワーク層のパケットをデータ
グラムと呼ぶ．

(iv) トランスポート層　　トランスポート層は，ネットワーク層によって形成されたエン
ドシステム間の通信経路の上で，エンドシステムからエンドシステムへとデータを転送する機能
を持つ．代表的な通信プロトコルは TCP と UDP（User Datagram Protocol）である．TCP は
エンドシステム間でパケットが損失されずに届けられることを保証し，パケットの転送速度（一
度に送信するパケット数）を調整する．一方，UDP はそのような機能を持たず，エンドシステム
間でデータを転送することに機能を絞った通信プロトコルである．なお，トランスポート層のパ

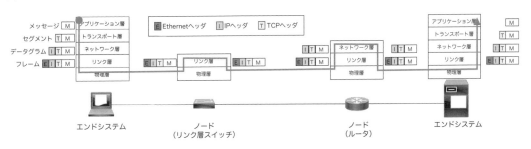

図 **6.3**　通信プロトコルの階層構造

ケットをセグメントと呼ぶ.

　(v)　アプリケーション層　　アプリケーション層は，トランスポート層から提供されるデータ転送機能を前提として，各アプリケーション用の機能を備える.　ウェブページの要求と応答を行う HTTP（HyperText Transfer Protocol），電子メールの送受信を行う SMTP（Simple Mail Transfer Protocol），ファイルの転送を行う FTP（File Transfer Protocol）などの通信プロトコルがある.　なお，アプリケーション層のパケットをメッセージと呼ぶ.

　e.　IP と TCP の役割分担

　ネットワーク層の通信プロトコルである IP とトランスポート層の通信プロトコルである TCP は共にエンドシステムからエンドシステムのデータ転送に関する機能を持つが，その役割は異なる.　IP は，送信元エンドシステムから，経路の途中で最適なリンクを選びながら最終的に送信先のエンドシステムへとパケット（データグラム）を届ける.　これは，エンドシステムからエンドシステムへの通信経路を常に利用できる状態にすること，つまり通信経路の可用性を高めることに寄与している.　一方，TCP は通信経路がどのようなリンクを経由しているかを考慮することなく，エンドシステム間の通信経路が利用できることを前提としてスループットの向上，つまり，データ転送性能の制御とパケット（セグメント）損失からの回復を行うように機能する.

　送信側エンドシステムから受信側エンドシステムへとパケットが届くことを保証するとは，具体的には，次の確認機能を持つことを指す.

- 送信側から受信側へと，パケットが実際に届いているか.
- 送信側が送信した順序で，受信側にパケットが届いているか.
- 送信側が送信したパケットに含まれるデータが，エラーを含まず受信側に届いているか.

これらの確認機能を，IP は備えておらず，TCP が持っている.　そのため，IP によるパケット転送は「最善の努力による配送サービス」（best-effort delivery service）と呼ばれる.　一方，TCP は「信頼性のあるデータ転送サービス」（reliable data transfer service）を提供しているといわれる.

6.4　IP による高可用性の実現

　エンドシステムからエンドシステムへの通信経路が 1 通りしかない場合は，99.999%といった高い可用性を実現することは難しい.　そこで，通信経路の冗長化という手法が取られている.　これは，エンドシステムからエンドシステムへと複数の通信経路を事前に用意しておき，1 つの通信経路の途中のノードやリンクに障害が発生してパケットを転送ができなくなっても他の正常な通信経路に切り替えて利用することで，通信経路の可用性を保つ手法である.　この機能はネットワーク層の通信プロトコルである IP が持っており，本節ではこのしくみについて説明する[2].　なお，今日の IP には IP バージョン 4（IP version 4 (IPv4)）と IP バージョン 6（IP version 6 (IPv6)）のバージョンがあるが，以降では IPv4 を取り上げて説明する[1,2].

6.4.1　IP アドレスの概要

　IP では，エンドシステムやノードのネットワーク上の接続位置を IP アドレスと呼び，次のよ

うな 32 ビット（4 バイト）の 2 進数で表す.

10011101 00010011 11111110 01110001

ただし，利用者が扱いやすいように，次のように，8 ビットごとに '.'（ドット）で区切り，それぞれを 10 進数で表記する.

157.19.254.113

エンドシステムとリンクの境界やノードとリンクの境界をインタフェースと呼ぶが，IP アドレスは，このインタフェースに対して定義される．したがって，エンドシステムが，無線のリンクと有線のリンクに接続するような場合，あるいは，ノードが複数の有線リンクと接続するような場合は，複数のインタフェースのそれぞれに対して IP アドレスが定義される.

6.4.2 階層的な IP アドレスの割り当て

IP アドレスは，インターネットの IP アドレスを管理する機関から企業や大学などの組織に割り当てられ，さらに各組織内で割り当てられる，というように階層的に割り当てが行われる.

a. IP アドレス割り当て機関から組織への割り当て

IP アドレス割り当て機関や ISP は，手持ちの IP アドレスブロックをより小さな IP アドレスブロックに分割し，その各アドレスブロックを配下の組織に割り当てる．例えば，あるネットワークアドレス割り当て機関が次の 2^{12} 個の IP アドレスを所有していたとする.

11001000 00000001 00010000 00000000 （200.1.16.0）
⋮
11001000 00000001 00011111 11111111 （200.1.31.255）

これらの IP アドレスは，'*' は '0' または '1' を表すとしたとき，全て

11001000 00000001 0001**** ********

の形をしている．左端から 20 ビットまでは共通なので，これらの IP アドレスからなるアドレスブロックを，'*' の部分を全て 0 とし，'/'（スラッシュ）を用いて，

200.1.16.0/20

と表記する．このネットワークアドレス割り当て機関では，このアドレスブロックを分割し，例えば次のように 8 個のアドレスブロックに分割したとして，各アドレスブロックそれぞれを配下の組織に割り当てる.

11001000 00000001 0001000* ******** （200.1.16.0/23）（組織 A へ）
11001000 00000001 0001001* ******** （200.1.18.0/23）（組織 B へ）
⋮
11001000 00000001 0001111* ******** （200.1.30.0/23）（組織 H へ）

b. 組織内での割り当て

ある組織（組織 B とする）が，200.1.18.0/23 のアドレスブロックを割り当てられたとする．組織 B では，このアドレスブロックをさらに分割し，部署ごとなどの単位にアドレスブロックを割り当てる．例えば次のように 4 個のアドレスブロックに分割したとする.

11001000 00000001 00010010 0******* （200.1.18.0/25）

11001000 00000001 00010010 1******* (200.1.18.128/25)
11001000 00000001 00010011 0******* (200.1.19.0/25)
11001000 00000001 00010011 1******* (200.1.19.128/25)

このうち，200.1.18.128/25，200.1.19.0/25，200.1.19.128/25 のアドレスブロックを，エンドシステムとノードのインタフェースに割り当てた例を図 6.4 に示す．図 6.4 において，A の枠内のインタフェースはすべて「11001000 00000001 00010010 1*******」という IP アドレスを持っている．このとき，A の枠内のエンドシステムとノードのインタフェースはサブネット（subnet）を形成するといい，このサブネットを，'*' の部分を 0 として 200.1.18.128/25 と表記する．/25 はサブネットマスクと呼ばれ，IP アドレスの先頭から 25 ビットまでの範囲がサブネットのアドレス，残り 7 ビットの範囲が各インタフェースに割り当てられたアドレスであることを示す．なお，このサブネットを単にネットワークと呼ぶことがあり，そのためサブネットの表記（ここでは 200.1.18.128/25）はネットワークアドレスと呼ばれる．

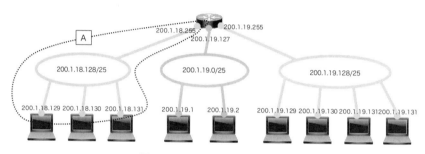

図 6.4 IP アドレスの割り当ての例

6.4.3 エンドシステムからエンドシステムへのパケット転送

送信側エンドシステムから受信側エンドシステムへと至る経路のうち，データグラムのヘッダ部分（IP ヘッダ）に記載された IP アドレスを参照して最適な経路を見つける制御を，経路制御（ルーティング）と呼ぶ．また，この経路制御を行うノードをルータと呼ぶ．ルータは，図 6.4 に示すようにサブネットの境界に設置され，サブネット間のパケット転送を行っている．本項では，このルータによるパケット転送のしくみについて説明する．

a. 最適経路の選択と転送表の作成

図 6.5 に示すようなノード（ルータ）とリンクからなるコンピュータネットワークがあり，各リンクには容量などに応じてコストが与えられているとする．このコストはデータグラムの転送性能を示しており，コストが小さいほど転送性能が良いとする．ルータ u に接続するエンドシステムからルータ w に接続するエンドシステムへとデータグラムを転送するとき，ルータ u からルータ w へは何通りもの経路が考えられるため，最適な経路として，リンクのコストの合計が最も小さくなる経路（最小コスト経路）を選択する．図 6.5 では，これらのエンドシステムの間の最小コスト経路は (u, x, y, w) の順にルータを経由する経路であり，経路に沿ったコストの合計値は 3 になる．

ルータは最適経路の計算結果を転送表（forwarding table）に記録する．転送表とは，宛先ネッ

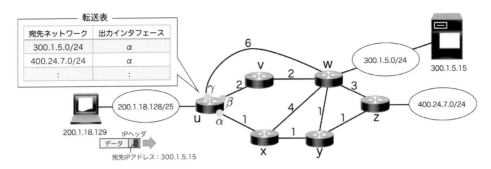

図 6.5　コンピュータネットワークの経路制御

トワークアドレス（宛先 IP アドレスが属するサブネット）に対して最小コスト経路を通るような出力リンクを登録したテーブルである．図 6.5 にルータ x の転送表の例を示す．ルータ x は，エンドシステム A からエンドシステム B へ宛てたデータグラムを受け取るとその IP ヘッダに記載された宛先 IP アドレス（300.1.5.15）を確認し，転送表から宛先 IP アドレスにマッチする宛先ネットワークアドレス（300.1.5.0/24）を検索する．そして，その宛先ネットワークアドレスに対応する出力インタフェース α からデータグラムを送り出す．

b.　動的な経路制御

　ルータ同士が自律的にコストなどの経路情報の交換を行い，自動的に最適な経路を計算して転送表を作成することを動的経路制御（dynamic routing）と呼ぶ．このとき，ルータ同士で経路の情報交換を行う通信プロトコルをルーティングプロトコルと呼ぶ．これに対して，ルータの管理者が最適な経路を計算し，手動で転送表を作成することを静的経路制御（スタティックルーティング）と呼ぶ．動的経路制御を利用するメリットの 1 つに，コンピュータネットワークに障害が発生しそれまで利用していた経路が利用できなくなった場合に，管理者が手を動かすことなく自動的に素早く次に最適な経路に切り替えられることが挙げられる．

　動的経路制御の代表的なアルゴリズムの 1 つである距離ベクトル（distance-vector）型経路制御では，各ルータにおいて次のような最適経路の計算を行う．ここでは，図 6.5 のルータ u を例として説明する．ルータ u からルータ w への最小コストを $d_u(w)$ とし，さらにルータ u に接続するリンクのコストとそこからルータ w までのコストについて，リンク (u,x) のコストを $c(u,x)$,ルータ x からルータ w の最小コストを $d_x(w)$, リンク (u,v) のコストを $c(u,v)$, ルータ v からルータ w の最小コストを $d_v(w)$, リンク (u,w) のコストを $c(u,w)$ とそれぞれおくと，$d_u(w)$ は次のように計算される．

$$d_u(w) = \min\{c(u,x)+d_x(w), \quad c(u,v)+d_v(w), \quad c(u,w)\} \tag{6.3}$$

$$= \min\{ \quad 1 \quad + \quad 2 \quad , \quad 2 \quad + \quad 2, \quad \quad 6 \quad \} \tag{6.4}$$

$$= \quad c(u,x)+d_x(w) \tag{6.5}$$

したがって，前述のようにルータ u からルータ w への最小コストは 3, 最小コスト経路は (u,x,y,w),出力リンクは (u,x), 出力インタフェースは α となる．

　リンク (y,w) に障害が発生して利用できなくなった場合には，ルータ y は，ルータ w までの経路のコストの変更をルータ x に伝える．ルータ x は，ルータ w までの最小コスト $d_x(w)$ を再計

算し，$d_x(w) = 2$ から $d_x(w) = 4$ に更新することをルータ u に伝える．ルータ u は，通知を受けると上記の計算を再度行う．

$$d_u(w) = \min\{c(u,x)+d_x(w), \quad c(u,v)+d_v(w), \quad c(u,w)\} \tag{6.6}$$

$$= \min\{ \quad 1 \quad + \quad \underline{4} \quad, \quad \quad 2 \quad + \quad 2, \quad \quad 6 \quad \} \tag{6.7}$$

$$= \quad \quad \quad \quad \quad \quad c(u,v)+d_v(w) \tag{6.8}$$

このように，ルータ u は，ルータ w への経路の最小コストは 4，最小コスト経路は (u,v,w)，出力リンクは (u,v) と計算し直す．そして，転送表における宛先ネットワークアドレス 300.1.5.0/24 に対する出力インタフェースを β へと書き換える．このように，リンク (y,w) に障害が発生しても経路情報（ここではルータ w までの経路のコストの変更）がルータ y からルータ x，さらにルータ u へと通知されてルータ u は転送表を更新するので，エンドシステムは新たな経路 (u,x,w) を経由して，対向のエンドシステムへとパケットを送り続けることが可能になる．

6.4.4　経路制御における拡張性の向上

インターネットには膨大な数のルータが含まれる．経路制御を 1 つのルーティングプロトコルで行った場合，ルータの数が多くなるほどルータ間の情報交換量も多くなり，リンクへの負荷が増加する．さらに，転送表も大きくなって処理量も増えるためにルータへの負荷も増加する．そこで，このような負荷を抑制するために次のような工夫を行っている．

a. 階層化された経路制御

インターネットではルータを組織ごとにグループ化している．このグループ化されたルータの集合を自律システム（autonomous systems (ASs)）と呼ぶ．例えば 1 つの自律システムは，1 つの ISP に対応しており，管理の観点からも都合が良い．

自律システムの中のルータは，1 つのルーティングプロトコルを使ってひとまとまりの経路制御を行う．一方，自律システムの間の経路の制御は，自律システム内部の経路制御とは別に行う．このように自律システム単位で行う経路制御を，階層化された経路制御と呼ぶ．図 6.6 に示すように，自律システムではルータを，内部ルータと境界ルータ（gateway router）に分ける．内部ルータは自律システム内のルータ間のみで経路情報の交換を行い，転送表の内部のネットワークアドレスのみ登録することで処理量を削減している．内部ルータは，自律システムの外へ向けたパケットを受け取った場合はそのパケットを境界ルータに送信する．一方，境界ルータは，自律

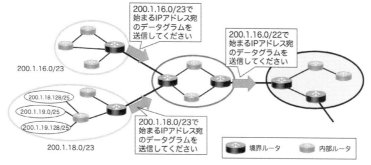

図 6.6　階層化された経路制御

システム内部に加えて外部のルータとも経路情報を交換しており，内外両方のネットワークアドレスを転送表に登録している．したがって，自律システムの外へ向けたパケットを受け取った場合もパケットを転送することができる．

b. 経路情報の交換量の削減

ルータ間で交換する経路情報を減らすために，ルータは次のような処理を行っている．これらの処理を自律システムにおける境界ルータに適応した場合は，他の組織に伝える経路情報を限定することにつながるので，自組織のセキュリティを向上することにもつながる．

(i) 経路フィルタリング（route filtering） ルータは他のルータに送付する経路情報のフィルタリングを行い，必要な経路情報のみを通知する．例えば，境界ルータは外部の自律システムに対しては，自律システムの公開可能なネットワークアドレスのみを通知する．

(ii) 経路集約（route aggregation） ルータは他のルータに送付する経路情報について，宛先ネットワークアドレスを集約して送付する．このアドレス集約にはサブネットマスクを利用する．例えば，境界ルータが

$$11001000\ 00000001\ 0001000*\ ********\ (200.1.16.0/23)$$
$$11001000\ 00000001\ 0001001*\ ********\ (200.1.18.0/23)$$

の2つのネットワークアドレス宛の経路情報を他の自律システムに通知するときに，それぞれについて通知するのでなく，次のようにサブネットマスクの位置を左側にずらし，アドレスをまとめて通知する．

$$11001000\ 00000001\ 000100**\ ********\ (200.1.18.0/22)$$

(iii) デフォルト経路（default route） ルータは，明示的に指定しない宛先ネットワークアドレスすべてをデフォルト経路（0.0.0.0/0）という特殊な経路にまとめて通知する．

6.5 TCP による高信頼性の実現

TCP は，エンドシステムからエンドシステムへとデータが確実に届けられることを保証し，データの転送速度を調整する．本節では，このための制御について説明する[4]．

6.5.1 TCP コネクションの概要

TCP はコネクション型のプロトコルである．コネクション型とは，エンドシステムが対向のエンドシステムと相互に接続の開始を確認した上でデータの送信を開始し，送信が完了したときには接続の完了を相互に確認することをいう．この接続の開始をコネクション確立，接続の完了をコネクション終了，接続開始から接続完了までを1つのコネクションと呼ぶ．なお，本項では，最初に接続開始を要求するエンドシステムを「クライアント」，この接続開始要求を受けるエンドシステムを「サーバ」と呼ぶ．また，1つのコネクションではクライアントからサーバにデータを送信すると同時に，サーバからクライアントに対してもデータを送信できる．このように，双方のエンドシステムが送信と受信を同時に行う通信を全二重通信と呼ぶ．

以下，図6.7と図6.8を参照しながら，1つのコネクションにおいてクライアントからサーバにデータを送信する場合を例として，送受信セグメントを順に追っていく．

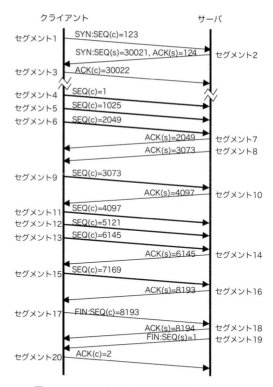

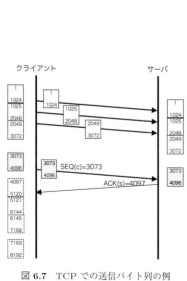

図 6.7　TCP での送信バイト列の例

図 6.8　TCP コネクションでのセグメント列の例

a.　シーケンス番号と確認応答番号

TCP は，データの送信状況を管理するために，コネクション確立からの送信データを一続きのバイト列として管理している．そのために，セグメントのヘッダ部分（TCP ヘッダ）に，シーケンス番号と確認応答（acknowledgment）番号を記録している．図では，TCP ヘッダに書き込むシーケンス番号を SEQ，確認応答番号を ACK，クライアントからの送信を (c)，サーバからの送信を (s) と表記している．

シーケンス番号には，送信側エンドシステムが連続して送信が済んだところまでのバイト数を代入する．また，確認応答番号には，受信側エンドシステムが連続して受信が済んだところまでのバイト数に 1 を加えた値（次に送信してほしいデータの最初のバイト数）を代入する．例えば，図 6.7 に示すように，合計 8192 バイトのデータを 1 つのセグメントあたり 1024 バイト，計 8 個のセグメントに分けて送信するとする．送信側エンドシステムが 3072 バイトまで送信済みで，次の 1024 バイト（全体の 3073 バイトから 4096 バイトまで）のデータを格納したセグメントを送信するとき，シーケンス番号に 3073 を代入して送信する．受信側エンドシステムでは，このセグメントを受け取り全体として 4096 バイトまでを受信済みであるとき，確認応答には 4096 に 1 を加えた 4097 を代入して返信する．

b.　コネクション確立

クライアントとサーバは，次のように，双方がコネクション確立要求を送り合う．

● セグメント 1: クライアントは，サーバに 'SYN' と指定したコネクション確立要求用セグメントを送付する．このセグメントで，初期シーケンス番号（SEQ(c)=123）と接続ポート番号を指定している．なお，初期シーケンス番号の値はその時々によって変わる．

- セグメント 2: サーバはクライアントに対し，自身からのコネクション確立要求として初期シーケンス番号（SEQ(s)=30021）を，さらにクライアントからのコネクション確立要求に対する承認として ACK(s)='SEQ(c)+1'=124 を指定したセグメントを送付する．
- セグメント 3: クライアントは，サーバに対し，コネクション確立要求に対する承認として ACK(c)='SEQ(s)+1'=30022 を指定してセグメントを送付する．

この TCP におけるコネクション確立は 3 個のセグメントの交換手続きからなるので，3 方向ハンドシェイク（three-way handshake）と呼ばれる．

c. データ送受信

図 6.8 では，クライアントからサーバへ，1 セグメントあたり 1024 バイト，合計 8 セグメント（8292 バイト）のデータを送信している．なお，セグメント 11 以降の説明は省略する．

- セグメント 4～6: コネクション確立後，クライアントはサーバに 3 個のセグメントを送信する．それぞれのセグメントのシーケンス番号として，セグメント 4 では SEQ(c)=1，セグメント 5 では SEQ(c)=1025，セグメント 6 では SEQ(c)=2049 を指定している．
- セグメント 7: サーバは，セグメント 5 まで（合計 2048 バイトまで）のデータを受信したことの承認として，クライアントに ACK(s)=2049 を返信する．
- セグメント 8: サーバは，セグメント 6 まで（合計 3072 バイトまで）データを受信したことの承認として，クライアントに ACK(s)=3073 を返信する．
- セグメント 9: クライアントは，サーバに SEQ(c)=3073 としたセグメントを送信する．
- セグメント 10: サーバは，セグメント 9 まで（合計 4096 バイトまで）のデータを受信したことの承認として，クライアントに ACK(s)=4097 を返信する．

データの送信側エンドシステム（ここではクライアント）は，このように受信側エンドシステム（ここではサーバ）から確認応答番号を受け取ることにより，受信側エンドシステムが送信データ全体のどこまで受信しているかを把握することができる．なお，受信側エンドシステムは，返信するセグメント数を減らすためなどの目的で確認応答を返信するタイミングを調整するなどして，複数のセグメントを受信した後で確認応答を返すことがある．例えば，セグメント 7 はセグメント 5 までのデータを受信したことに対する確認応答だが，送信タイミングはセグメント 6 の受信後であり，セグメント 4 およびセグメント 5 のそれぞれに対して確認応答を返すのでなく，セグメント 7 でまとめて確認応答を返している．

d. コネクション終了

クライアントが最初にコネクション終了を要求する場合を例として説明する．なお，クライアントとサーバのいずれも，最初にコネクション終了を要求することが可能である．

- クライアントは，サーバに 'FIN' と指定したコネクション終了要求用セグメントを送付する．このセグメントで，前の処理からの続きとなるシーケンス番号（SEQ(c)=8193）を指定している．
- サーバは，コネクション終了要求に対する承認として ACK(s)='SEQ(c)+1'=8194 を指定して，クライアントにセグメントを送付する．
- サーバはクライアントに，自身からのコネクション終了要求用セグメントを送付する．ここでは，前の処理から続きとなるシーケンス番号（SEQ(s)=1）を指定している．

- クライアントはサーバに，コネクション終了要求に対する承認として ACK(c)='SEQ(s)+1'=2 を指定しセグメントを送付する．

このように，全二重通信では双方がコネクション終了要求を送り，その確認応答を受け取る．

6.5.2 再 送 制 御

送信側エンドシステムは，確認応答番号によって受信側エンドシステムがどこまでデータを受信しているかを把握できる．これにより，送信側エンドシステムは自分が送信したセグメントを受信側エンドシステムが受信していないこと，つまり，エンドシステム間でセグメントが損失してしまったことを検知できる．このとき，送信側エンドシステムは損失したセグメントを再度送信するが，それにはタイムアウトに基づく再送と，重複した確認応答に基づく再送の2つの方法があり，より早くセグメント損失を検知した方法で再送を行う．

a. タイムアウトに基づく再送

送信側プロセスは，セグメントを送信したときにタイマーをスタートさせる．そして，再送タイムアウト（retransmission timeout (RTO)）と呼ばれる時間以内にそのセグメントに対する確認応答を受け取らなかったときはセグメントが損失したと判断し，再度そのセグメントを送信する．送信側エンドシステムは再送タイムアウト時間を，セグメントを送信してからそれに対する確認応答が返ってくるまでの時間（往復時間）の計測に基づいて算出する．

- セグメントを送信してその確認応答を受け取ると，その往復時間を測定し，それまでの平均の往復時間を更新する（式 (6.9)）．
- 往復時間の偏差（測定した往復時間と平均の往復時間の差分）を更新する（式 (6.10)）．
- 平均の往復時間と往復時間偏差から，再送タイムアウト時間を算出する（式 (6.11)）．

$$\text{平均往復時間} \leftarrow (1-g)\,\text{平均往復時間} + g\,\text{測定往復時間} \tag{6.9}$$

$$\text{往復時間偏差} \leftarrow (1-h)\,\text{往復時間偏差} + h\,|\,\text{測定往復時間} - \text{平均往復時間}\,| \tag{6.10}$$

$$\text{再送タイムアウト時間} = \text{平均往復時間} + 4 \times \text{往復時間偏差} \tag{6.11}$$

上式において，g と h は重み付けのための定数であり，それぞれ 1/8，1/4 が推奨値とされる．

b. 重複した確認応答に基づく再送

タイムアウトに基づく再送の場合，タイムアウト時間だけ待った後にセグメントを再送するため，特に往復時間が大きな環境ではスループットが大きく低下する恐れがある．そこで，より早期にセグメント損失を判断して再送する方法が，重複した確認応答に基づく再送である．

送信側エンドシステムは受信側エンドシステムから確認応答を受け取るが，連続してセグメントを送信しているときにその中の1つのセグメントが損失すると，同じ確認応答番号を重複して受け取る．この重複した確認応答を3個以上受け取るとセグメントが損失したと判断し，そのセグメントを再送する．この例を，図 6.9 を用いて説明する．

- セグメント 4〜6: クライアントはサーバに3個のセグメントを送信する．それぞれのセグメントのシーケンス番号として，セグメント4では SEQ(c)=1，セグメント5では SEQ(c)=1025，セグメント6では SEQ(c)=2049 を指定している．ただし，セグメント5は途中で失われ，サーバに届いていない．

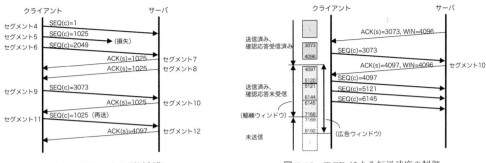

図 6.9 TCP による再送制御　　　　図 6.10 TCP による転送速度の制御

- セグメント 7: サーバはセグメント 4 まで（合計 1024 バイトまで）のデータを受信したことの承認として，クライアントに ACK(s)=1025 を返信する．
- セグメント 8: サーバはセグメント 6 を受信しているが，連続して受信しているのは 1024 バイトまでであるので，クライアントに ACK(s)=1025 を返信する．
- セグメント 9: クライアントは，サーバに SEQ(c)=3073 としたセグメントを送信する．
- セグメント 10: サーバはセグメント 9 を受信しているが，連続して受信しているのは 1024 バイトまでであるので，クライアントに ACK(s)=1025 を返信する．
- セグメント 11: クライアントはセグメント 7, セグメント 8, セグメント 10 の 3 個のセグメントで ACK(s)=1025 を重複して 3 回受け取ったので，サーバが 1025 バイトから始まるデータを受信できていないと判断し，1025 バイトから始めるデータを含むセグメント（SEQ(c)=1025）を再送する．
- セグメント 12: サーバは 1025 バイトから始まるデータを受け取り，連続して 4096 バイトまで受信したことになったので，承認としてクライアントに ACK(s)=4097 を返信する．

6.5.3 データ転送速度の制御

ネットワークの一部におけるパケットの混雑を輻輳（congestion）という．輻輳は，例えば 1Gbps の容量のリンクと 100 Mbps の容量のリンクの双方に接続するノードで発生する．パケットが 1 Gbps のリンクから 100 Mbps のリンクへと流れているときに，100 Mbps を超える量のパケットが 1 Gbps のリンクからノードに到着すると，それらのパケットはノードに滞留し送信待ちの状態となるか，あるいはキューから廃棄される．このような状態のノードは「ボトルネック」と呼ばれ，エンドシステムのスループットを大きく低下させる．輻輳を緩和するためには，ボトルネック状態のノードに対して最も小さな容量値以上にパケットを送信しないことが必要であり，このための制御を TCP が行う．

a. ウィンドウ制御

TCP では，スライディングウィンドウと呼ばれるしくみで，データ転送速度（一度に送信するセグメントの個数）を制御する．図 6.10 に示すように，送信側エンドシステム（図 6.10 ではクライアント）は，セグメント送信時に，次の 2 つの変数を把握している．

- 輻輳ウィンドウ（congestion window）：確認応答を受けていない状態で送信可能なセグメント数．送信側エンドシステムが，ネットワークの輻輳状態（確認応答の受信の状態）に合わせてサイズを変更する．

- 広告ウィンドウ（advertised window）：受信側エンドシステムが受け付け可能なセグメント
  数．受信側エンドシステムがサイズを決定し，送信側エンドシステムに通知する．輻輳ウィ
  ンドウのサイズより大きいことが多い．

送信側エンドシステムは，確認応答を受けとるごとにこのウィンドウをずらしていき，輻輳ウィ
ンドウと広告ウィンドウのどちらか小さい方のサイズまで一度に送信することができる．図 6.10
では，セグメント 10 で確認応答を受けた時点の輻輳ウィンドウのサイズは 3072 バイト（3 セグ
メント），広告ウィンドウはセグメント 10 で‘WIN=4096’と通知された 4096 バイト（4 セグメン
ト）であり，小さい方の 3 セグメントを採用し，その後 3 個のセグメントを一度に送信している．

　TCP では，常に輻輳ウィンドウのサイズを変更し，輻輳を発生させないようにデータ転送速度
を制御している．制御方法には様々な方式があるが，代表的な方式は次の通りである．

- 送信側エンドシステムは，コネクション確立後，輻輳ウィンドウをセグメント 1 個分のサイ
  ズから開始して，受信側から確認応答を受け取るたびに輻輳ウィンドウのサイズを大きくし
  徐々にデータ転送速度を上げていく．
- 送信側エンドシステムは，重複確認応答を受けて送信済みのセグメントが途中で失われた，
  つまりネットワークの途中で輻輳が発生していると判断したときは，輻輳ウィンドウのサイ
  ズを小さくしデータ転送速度を下げる．

図 6.9 では，クライアントは，セグメント 7，セグメント 8，セグメント 10 の 3 個のセグメントで
ACK(s)=1025 を重複して 3 回受け取った時点で輻輳ウィンドウのサイズを小さくして一度に送
信するセグメント数を減らし，これ以上の輻輳を発生させないようデータ転送速度を下げている．

b.　インターネット環境における課題

　TCP はネットワークの状態に応じて輻輳ウィンドウのサイズを変更し，データ転送速度を制御
するが，ネットワーク環境の変化により次のような課題が発生している[5]．

(i)　無線環境でのスループット低下　　　送信側エンドシステムは，パケットの損失が発生す
ると，一律に輻輳ウィンドウのサイズを小さくしデータ転送速度を下げる．パケット損失がボト
ルネックでの輻輳で生じたパケットドロップによる場合，データ転送速度を下げることは輻輳の
緩和につながる．一方，パケット損失が無線リンクでのパケットエラーによる場合は輻輳ではな
いのでデータ転送速度を下げる必要はないが，送信側エンドシステムはそのことを把握できない．
結果として，無線リンクを経由するとスループットが低下してしまう．

(ii)　大容量・高遅延環境での低スループット　　　送信側エンドシステムは，受信側エンドシ
ステムから確認応答を受け取ったごとに輻輳ウィンドウのサイズを大きくし，徐々にデータ転送
速度を上げていく．このため，リンクの容量が 10 Gbps，往復時間が 100 ms といった大容量・高
遅延環境では確認応答の受け取りに時間を要するために輻輳ウィンドウのサイズがなかなか大き
くならず，リンクの容量を使いきれないという問題が発生する．

おわりに

　本章では，インターネットの基本的な要件である可用性と信頼性の実現方法を理解することを
目的に，IP における動的な経路制御と，TCP におけるパケット損失からの回復を中心に説明を
行った．実際にアプリケーションを利用する場合は，これらの要件に加えて様々な要件を満たす

ことが必要になる．例えば，ウェブページを閲覧しているときには応答時間を小さくすることが必要になり，音声や映像配信では，ジッタを小さくすることが必要になる．さらに，インターネットを取り巻く環境は，TCP/IP が誕生した 1970 年代から次の点で大きく変わってきている[6]．

- 拡張性：スマートフォン，情報家電，センサ機器とエンドシステムは増加し続けている．
- 多様性：様々な有線・無線・モバイルネットワークがインターネットに加わり続けている．
- 移動性：スマートフォンや自動車での通信など，移動するエンドシステムが増加している．

このような変化の中で様々なアプリケーションを動作させるためには，コンピュータネットワークに対して今後も様々な改良を重ねていく必要がある．

演　習　問　題

1) インターネットの正しい説明を次から選べ．
  - a) 世界中の ISP のネットワークの集合からなる．
  - b) 企業内のネットワークである．
  - c) データセンタ内のネットワークである．
  - d) ホームネットワークからアクセス ISP までのネットワークである．
2) ネットワークの性能指標の説明で誤っている内容を選べ．
  - a) 容量とは，リンクやノードごとに定められた固定的なデータ転送性能である．
  - b) スループットとは，エンドシステム間でエラーとならずに転送された単位時間あたりのデータ量である．
  - c) ジッタとは，エンドシステム間でパケットを送信するときの片道の遅延時間のことである．
  - d) 応答時間とは，エンドシステムが対向のエンドシステムに処理を要求してから，対向のエンドシステムからその処理に対する応答があるまでの時間である．
3) 通信プロトコルの階層化の説明として適当でない内容を選べ．
  - a) 上位階層のプロトコルのデータとヘッダをカプセル化し，下位階層のプロトコルに格納する．
  - b) ある階層のプロトコルを入れ替えても，他の階層のプロトコルに影響しない．
  - c) ネットワークで通信を行うための標準的な手順を定める．
  - d) 物理層，リンク層，ネットワーク層，トランスポート層，アプリケーション層からなる．
4) IP が含まない機能を選べ．
  - a) エンドシステムのネットワーク上の接続位置を IP アドレスで表す．
  - b) リンクで障害が発生し利用できなくなったときに，利用可能な経路に切り替える．
  - c) エンドシステムからエンドシステムへと，パケットが届くことを保証する．
  - d) サブネットマスクを利用して，ネットワークアドレスをまとめる．
5) TCP が含まない機能を選べ．
  - a) エンドシステム間で損失したセグメントを再送する．
  - b) ネットワークの輻輳を緩和するためにデータ転送速度を制御する．
  - c) リンクで障害が発生し利用できなくなったときに，利用可能な経路に切り替える．
  - d) 確認応答番号により，受信側エンドシステムの受信済みバイト数を把握する．

文　献

1)　J. D. McCabe, *Network Analysis, Architecture, and Design.* Morgan Kaufmann, 3rd ed., July 2010.

2) J. F. Kurose and K. W. Ross, *Computer Networking: A Top-Down Approach.* Pearson, 6th ed., Mar. 2012.

3) P. Oppenheimer, *Top-Down Network Design.* Cisco Press, 3rd ed., Aug. 2010.

4) W. R. Stevens, *TCP/IP Illustrated, Volume 1: The Protocols.* Addison-Wesley Professional, Dec. 1993.

5) 長谷川剛, 村田正幸, TCP の輻輳制御機構に関する研究動向. 電子情報通信学会論文誌 *B*, vol. J94-B, pp. 663–672, May 2011.

6) 村田正幸, 2018 年度研究成果報告書. `https://www.anarg.jp/achievements/?lang=jp&year=2018`. accessed Sep. 26, 2019.

7

高度情報化の事例：ビッグデータと人工知能

　高速化と大容量化によって計算機は進化し続けることで，高度情報化はさらに加速している．人工知能は，その誕生から歴史を経て社会で使える情報ツールになる時代が来ており，人間が行うほとんどの作業を代理できる計算機の登場が高度化の到達点となるかもしれない．この章では「高度情報化」を語る上で，ビッグデータに至るデータの変遷と新しい情報技術である人工知能について解説する．

7.1　データとビッグデータ

7.1.1　データとは？

　「データ」とは何だろうか？　我々は，元からある概念のように自然にデータという言葉を使う．改めてデータ（data）とは，資料，観察による事実，知識，情報などと説明される．統計の言葉では標本とも訳される．data は複数名詞であり，単数表現は datum である．その語源はラテン語で「与えられたもの」である．活用して対象を知るためにデータがある．対象と理解しようとする我々の関係を図 7.1 に示す．対象はデータを出しており，それを我々は観察あるいは取得する．我々の持ちうる知識も動員して推測あるいは推定する．それに基づいて対象を理解把握する．

図 7.1　対象とデータの関係性

　対象からのデータを得ることで，その対象のしくみを明らかにする．我々が長く行ってきた方法である．エラトステネスは，シエネの井戸に太陽が真上に光が差し込んでいる様子を見た．その井戸からアレクサンドリアで太陽の日が差し込む角度を測ったら 7 度 12 分であった．太陽は光線は平行であるので，その角度と井戸と角度計測をした地点との距離によって地球の大きさを算出した．当時の距離の測り方によって算出した数値では 10% 程度の誤差でも，その時代に地球の大きさを算出した科学としての意味は大きい．重要なことはその数値の正確さではない．2 ヶ

所の角度データを活用し，球体モデルを仮定し，地球の大きさを計算したことである．

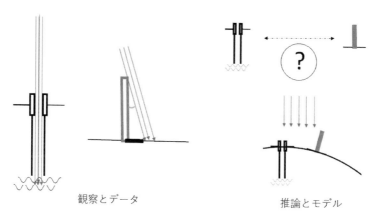

観察とデータ　　　　　　　　　　　推論とモデル

図 **7.2**　井戸の底に光が差し込むときの影と球モデル

　ケプラーは火星を観察しているとき，太陽を中心とする惑星の軌道は円であるはずなのに，観察からは円とはならないことに着目した．それに対応する運動モデルから，惑星は楕円軌道を描くことと，公転周期の 2 乗が軌道長径の 3 乗に比例するケプラーの法則を発見した．観測データと対象を知りたいという人間の意思あるからこそ科学が進展している．昔はデータを大量に集めてかつ整理するには時間がかかっていた．偉人たちの観察力と考察力が，科学における発見を促していたと考えて良いだろう．

表 **7.1**　対象，データ，モデルの関係の例

対象	データ	推論モデル
人が住む世界	2 ヶ所の地点における太陽の角度	平面，球
惑星の軌道	火星の観測データ	円軌道，楕円軌道

7.1.2　データと統計学

　国を治める施策を決めるためには，人口，産業，経済などのデータから状況を正確に知る必要がある．そのための数学的な枠組みが統計学である．数字の実学の代表ともいえる．ビッグデータを扱うには，ビッグという形容詞がついても「データ」には変わりないことから，統計学は欠かせない基礎知識である．そこで，基本的な統計の活用例をみてみる．

選挙とデータ統計学

　国民有権者の意思を示すデータによって政治を行う代表者を決める選挙は，民主主義において重要な国民行事である．選挙となるとメディアでは開票速報が報道される．その中で開票率が 10 %程度でも早々に当確と報道されることがある．一般的にすべての投票は開票を行わないと正式な結果ではないが，メディアは早く知りたいので，データをすべて調べずに対象のモデルで推測する．当確とは当選が確からしい，ということで当選したわけではない．わかりやすい設定として，ある選挙で候補者 A と B の 2 人として考えてみる．有権者はどちらかの候補者に投票し無効票はないものとする．

これは，期待値が未知である状況で，母平均の信頼区間を推定する問題である．標本平均が $\bar{X}$ とする．未知の期待値を μ とおくと，このとき区間 $[\bar{X} - 1.96\sqrt{V/n}, \bar{X} + 1.96\sqrt{V/n}]$ に入る確率が 95% となる．ただし 1.96 とは正規分布に伴って算出される係数である．以上から次が成り立つ．

$$P\left(X - 1.96\sqrt{\frac{V}{n}} \leq \mu \leq X + 1.96\sqrt{\frac{V}{n}}\right) = 0.95 \tag{7.1}$$

詳しいことは確率統計などで学ぶので，具体的な数値でみてみる．サンプル調査でA氏に投票した比率を p，投票全体の調査によってA氏に投票した比率（正解値）の差 d が以下となるような確率が 0.95 となるには，サンプル数として

$$n = 1.96^2 \times \frac{p(1-p)}{d^2} \tag{7.2}$$

が必要となる．

A氏の選挙前の支持を 60%，つまり $p = 0.6$ と設定する．選挙で当選するには有権者数の 50% 以上の支持数が必要なので，最低限の安全当選ラインを 55% 以上として $d = 0.05$ と設定する．式 (7.2) によって計算すると，開票調査では 368 程度で当選確実かどうかがわかる．

データの背景に対象を適切に表すモデルがあって，数学的に有効な性質を持つときには，少数のデータで全体を推測することができる．統計学を十分に活用することで，できるだけ理論的に正確なデータ分析を行うことは，たとえビッグデータが登場しても変わるわけではない．

7.1.3 ビッグデータとは？

企業が事業や将来への研究開発判断にデータを蓄積したり集めたりするのは，前からの常識である．しかしながら，データならば何でもよいわけではない．意味ある判断をするためには意味あるデータが必要であり，またデータから意味を見出すよい手法も同時に必要となる．データが大規模になるほど，見出せる情報がさらに上のレベルになることを込めて「ビッグデータ」という言い方になった．その言葉を目にするようになって 10 年程になる．

データ蓄積技術，システム，設備が整ってきてビッグデータが準備されている．ところが，肝心の知りたいことに対するデータ規模が対応しない．あるいはデータの分析法が不明な場合は，その先に簡単に進めない．その他の問題としては，データ処理法はあるが時間がかかり過ぎる場合がある．

7.1.4 ビッグデータのための形成技術

データベースの構築には，関係データベース（relational data base）が基本とされてきた[1]．さらには，それ以外のデータ管理技術 NoSQL（Not only SQL）などでデータベース形成される．インターネットの普及で年々大量のデータが扱われるようになって，より効率的な構築技術が求められた．そこで，大量のデータの分散処理技術のためのオープンソース Hadoop が開発された．それは，MapReduce（Google で開発された分散処理の枠組み）が元になった技術である．図 7.3 に，インターネットからのデータ収集で，NoSQL と Hadoop を介してデータウェアハウスに流れる様子を示す．その上で，ユーザが可視化などでデータ分析機能を活用する（図 7.4）．

データが多くないときのデータ処理や計算技術では，データ量の拡大で処理時間が莫大となる．

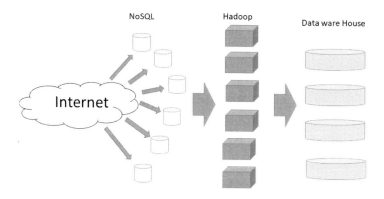

図 **7.3**　ビッグデータのための分散処理技術とデータ蓄積

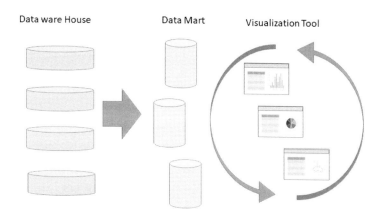

図 **7.4**　ビッグデータのためのデータ抽出と可視化分析

高性能な分散処理技術を出発点に，ビッグデータに対応する基盤としての重要な情報処理技術である．

7.1.5　ビッグデータの活用

　インターネットからデータが常時集められて，適切な分散処理技術でデータウェアハウスに集められる．そのデータを利活用するためには，適切な利用範囲でデータを選ぶ必要がある．利用しやすく解析しやすいように取り出しておいたデータをデータマートという．そのデータから解析して必要な情報を取り出す．そしてデータを分析可視化する．分析者のコンピュータで動作するソフトウェアで分析するが，可視化されることでデータの知りたい特徴を把握できる．データウェアハウスから可視化ツールの活用を図 7.5 に示す．

　可視化ツールとは，データから計算してグラフなどの図にするソフトウェアのことである．これまでもデータ解析結果を図やグラフで示してきたので，ビッグデータの章となって可視化が新たに登場したわけではない．Tableau など，ビジネスで広範囲に利用可能なデータ可視化ツールが登場している．違いは簡易さとデータの様子をより早く把握できる工夫がされていることにある．つまり，データ分析については特別な技術者が行う仕事ではなく，データを活用したいすべての人に使えようになることが重要なポイントであろう．

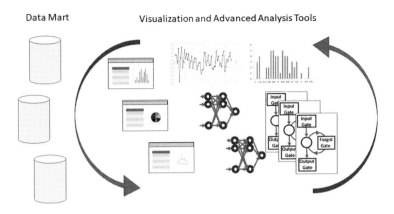

図 7.5 可視化と先進的データ分析ツール

　最近では通常の統計ツールだけではなく，機械学習や人工知能など先進的なデータ学習や予測を行えるツールの利活用が期待されている．情報技術者としての役割はソフトウェア・システム開発を行うことが主であるが，データから対象の知りたい情報の抽出解析を行い，加えて適切なモデリングなども含めて行う情報科学的な技術者をデータサイエンティストともいう．

　これからのデータの解析ツールとして期待される人工知能は，これまでの統計的モデルベースとは異なり，学習と予測による汎用的な使い方ができる．ビッグデータを本格的に利活用するカギとなる手法である．

7.2　人 工 知 能

　果たして人間は，我々人が持っている知能を機械で作り出すことができるであろうか．そもそも，人工知能の定義は何かという問題もある．その意味では，データを学習しそれに即した反応ができる機械としたら，人工知能の位置付けはしやすい．先にデータについて述べたが，そのための推論に人工知能を役立てることが期待される．データを学習する機械としての人工知能について述べる．

7.2.1　ニューロンモデルと古典パーセプトロン
　人工知能とは機械に持たせるための知能のことであり，artificial intelligence の日本語訳である．人工知能の研究が本格化したのは，1956 年に John McCarthy が主催したダートマス会議である．その参加者にはミンスキー，ローチェスター，シャノンら，その後の情報科学に大きく貢献する研究者が名を連ねている．その会議のなかで artificial intelligence を定義した．第 2 次世界大戦が終わってまだ数年のときで，巨大施設に 1 万本以上の真空管で動いていた計算機が登場した後の時期だった．

　人工知能とは何かは，各種表現がある．「人工的につくられた知能を持つ実態」，さらには「人と区別できない人工的につくられた知能」などと表現される．人工知能をどのような構造で，どのように実現するかが課題であるが，今に至る歩みを紹介する．

　人工知能を実現するには，機能するためのモデルが必要となる．神経細胞を見本として関数的に

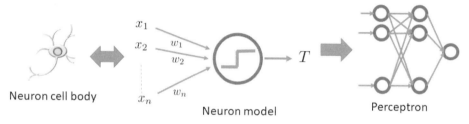

図 7.6　神経細胞，関数としてのニューロンモデル，パーセプトロン

単純化することで生まれたニューロンモデルは，人工知能の研究の進展に大きな役割を果たした．それは，ウォーレン・マカロックとウォルター・ピッツのニューロンの基礎モデルである．多次元入力の重みとの線形和を出力とする単純な構造であるが，神経細胞と論理機能をつなげるモデルとなった．神経細胞の本体部分に相当するニューロンモデルの○の部分は素子（あるいはノード）と呼ぶ．入力 $x_1, \cdots, x_n$ に対して，それぞれの入力経路における重み $w_i (i = 1, \cdots, n)$ によって重みづけされた線形和入力 $u = \sum_{i=1}^{n} w_i x_i$ に対する出力として以下の関数で表現される．

$$T(u) = \begin{cases} 1 & \text{if } u \geq 0 \\ 0 & \text{if } u < 0 \end{cases}$$

　単純なニューロンモデルも多数が構造化することで機能を実現する．さらに，1962 年に心理学者であるローゼンブラットは，階層的な層状になった視覚系のパターン認識モデルを提案した．学習機能つまりアルゴリズムも同時に提案されたもので学習機械として注目され，認知を意味する perception からパーセプトロンと呼ばれる．神経細胞，ニューロンモデルと素子の出力を決める関数（ステップ関数），そして組織化されたパーセプトロンを図 7.6 に示す．

　素子への入力と次の素子への結合があり，重み値が割り振られている．入力 $x_1, x_2, \cdots, x_n$ に対して重みと素子の持つ関数（活性化関数と呼ばれる）によって，出力が定まる．このパーセプトロンにおける学習は δ 学習則と呼ばれる方法によって実現した．学習則とは，わかりやすくいうと重み値を更新するアルゴリズムである．ニューロンモデルに学習してほしいデータとは，ある入力に対する正しい出力の値の組であり，そのような正しい出力となるように重み w_{ij} を調整する機能を学習則が担う．

7.2.2　非線形性の獲得と現代パーセプトロン

　古典パーセプトロンが学習できる対象は線形な関数であったが，より高機能な学習が行えるように以後改良され，現代パーセプトロンとなる．素子や結合組織法は変わらないが，素子の出力を決める活性化関数と，重みパラメータを決める学習の方法である．先に述べた関数 T は，0 と 1 だけを扱うのでデジタル的である．出力の広がりとして連続値を扱えるようにアナログ的な以下の活性化関数が導入される．

$$f(u) = \frac{1}{1 + e^{-\frac{u}{c}}}$$

ただし，c は正の定数である．この活性化関数はシグモイド関数と呼ばれる．入力となっている素子群から，出力となっている素子群に向かって 1 方向に向かって流れているのが，図 7.7 をみ

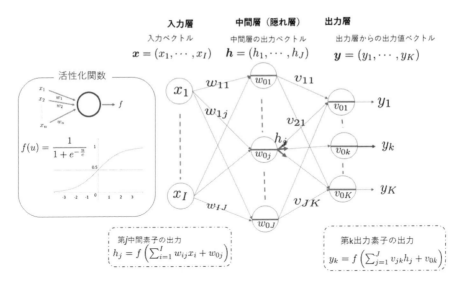

図 7.7　階層型ニューラルネットワークにおける入力から出力の流れ

ればわかる．階層的に並んでいるので，階層型ニューラルネットワークという．

　図 7.7 に示されるネットワークの重みパラメータ $w_{11}, \cdots, w_{IJ}, v_{11}, \cdots, v_{JK}$ を更新する学習則がラメルハートによって示された[3]．それは非線形な関数に対して学習可能な方法で，誤差逆伝播法と呼ばれた．その結果，人工知能の研究ブームとなり，広範な可能性が応用研究において示された．その広い応用ができるようになるためには，非線形な関数を学習できなければならない．その象徴的で数学とコンピュータ両方に関係して 1 番単純な論理回路であり，論理和，論理積よりも少し難しい排他的論理和を表 7.2 に示す．

表 7.2　排他的論理和

命題 P	命題 Q	$P \oplus Q$
0	0	0
0	1	1
1	0	1
1	1	0

　P と Q を 2 元の入力として中間層を設け，出力層に出力素子を 1 つ設定する．誤差逆伝播法によって学習可能であることがラメルハートによって示された．これは，前に述べた古典パーセプトロンと δ 学習則では学習できない対象であり，現代パーセプトロンとなって非線形を獲得できる学習機械となった．

　文字認識，画像認識など様々な応用ができることがわかり，人工知能の研究は一気に躍進した．この時点におけるニューラルネットの学習方法が，その後においても基本手法となっている[2]．ニューラルネットを活用したいときに，問題設定，データ，学習方法などをどのように設定したらよいだろうか．文字認識を例に，現代パーセプトロンである階層型ニューラルネットの設定を表 7.3 に示す．

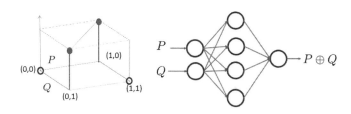

図 **7.8**　排他的論理和の関数と階層型ニューラルネットワーク

表 **7.3**　文字認識における階層型ニューラルネットの際の素子設定

ニューラルネット構成	素子数の設定方法
入力層	文字画像の画素数以上の入力素子数
出力層	文字の種類に相当するパターンを扱える出力素子数
中間層	学習データ数や問題の複雑さから調整して設定

7.2.3　ニューラルネットから **AI** へ

　階層型ニューラルネットは多層化することが高機能への必要条件であるが，それに見合う大量のデータが必要となる．多層で深い学習ができるという深層学習（deep learning）が第 2 次 AI ブームが去って約 10 年程で登場した[4]．同時に，計算機における CPU の処理速度や大容量メモリなど，計算機のハードウェアとしての躍進が後押しした．そのおかげで深層学習も行える計算環境が手に入りつつあった．深層学習で使われるニューラルネットは，パーセプトロンと同じ階層型のニューラルネットであって見た目は変わらない．

　深層学習による AI に対する社会からの期待は大きく，AI の第 3 ブームと呼ばれる時期に入る．モデルと学習方法をようやく手にした我々が向かっているのが，本格的な人工知能である．これまで説明してきたニューロンのモデル化から多数の素子による機能化と，神経細胞の組織化と脳の関係を図 7.9 に示す．図の上側が生物の進化とすると，図の下側が科学技術の進化と考えられる．

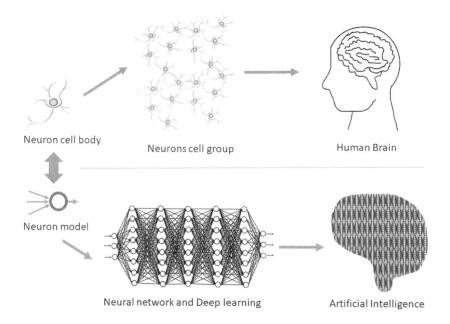

図 **7.9**　神経細胞の組織化とニューロンモデルの組織化との関係

　Google ほか情報系の巨大企業によって，人工知能の研究開発が進められている．人工知能の技術が変えていくものは，社会生活全般に及ぶといわれている．データ学習することにより新しい技術を獲得する．

　もう少し，人工知能について具体化してみる．特化された便利な機能は人工知能ではない．例えば，「会社の会議の時間の 10 分前になると，デスクに会議の表示がされる会議招集システム」は人工知能ではないことがわかるだろう．

　会議の時間はあらかじめ決められており，その時刻までの 10 分間に表示をするだけである．決まったルールをそのまま実行することは，知能とまでいうには及ばない．機能化したいルールを学習によって見出すのが人工知能である．

7.2.4　人工知能の利用事例：砂粒の分析

　人工知能への期待の 1 つとして，人間が行える作業を効率的に高速で行うことがある．ここでは，筆者らが所属する室蘭工業大学のある室蘭市の AI の話題を取り上げる．

　室蘭市は，戦前からの北海道にある製鉄の町として知られている．市の南には太平洋に望む海岸があり，そこにイタンキ浜という砂浜がある．ここは実は「鳴り砂」として知られている海浜である．鳴り砂とは，風や足で踏むことで砂粒どうしの摩擦で鳴る砂のことである．全国に 20 以上の鳴り砂のある砂浜が知られており，その中の 1 つがイタンキ浜である．鳴り砂を次の世代に残すために，イタンキ浜清掃などの市民による自然保護活動が行われている．

　この鳴り砂がなぜ鳴るかは実は摩擦学など複雑に要素が絡む難しい問題であるが，自分の住む地域の自然保護につながるので，砂の成分に関心を向けている．このような地元を素材として，ニューラルネットで構成された AI を用いる．自動分析を可能とするので，顕微鏡さえ扱えれば小学生からシステムを使え，砂の成分調査などの研究用ツールにもなる．

　砂粒の成分は，拡大写真で数えることで割合を算出する．しかしながら，スプーン 1 杯分でも多くの作業を要する．イタンキ浜と採取した砂，および砂粒の拡大画像を図 7.10 に示す．イタン

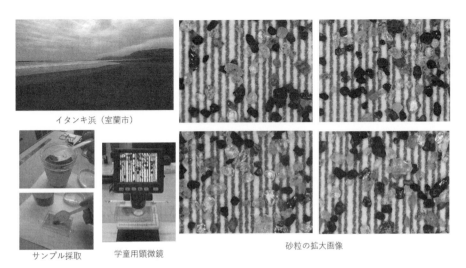

イタンキ浜（室蘭市）　　　サンプル採取　　　学童用顕微鏡　　　砂粒の拡大画像

図 **7.10**　室蘭市のイタンキ浜，鳴り砂採取，砂粒の拡大画像

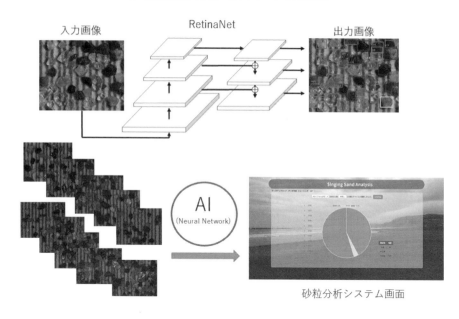

図 7.11　（上）砂画像のニューラルネットによる砂粒分類，（下）大量画像からの砂の分
　　　　布解析

キ浜の砂には，透明な石英の結晶，半透明な石英の結晶（半結晶），そして磁鉄鋼や長石などある．
イタンキ浜の特徴は，高温生成の透明な結晶，半結晶，その他の3種類に分かれる．砂成分解析
として，この3種類を調べる．

　サンプルからの砂画像では3種が確認されるが，それぞれの割合を知るには，画像処理で粒の
抽出と判定を行う必要がある．そこで，RetinaNet[5] と呼ばれるニューラルネットワークを用い
て，砂粒を判別する人工知能を作成した（図 7.11 上の図）．それにより，砂画像から3種の成分を
判別することができる．大量の砂画像を連続的に判別することで，図 7.11 下の図に示すように，
大量のサンプルにおける3種類の砂粒の分布を求めることができる．この鳴り砂 AI システムは

図 7.12　室蘭イタンキ浜の「鳴り砂」を科学する

塩谷研究室の小澤 怜君の協力の下で作成された．AI システムの作成企画を含めて，市民向けに開催している公開講座「室蘭イタンキ浜の「鳴り砂」を科学する」（図 7.12）の活動に沿って行われている[6]．

演 習 問 題

1) 選挙で A と B が立候補している．有権者は全員どちらかに投票し無効票はないものとする．式 (7.2) によって計算される必要なサンプル数についての記述で，正しいものをすべて選べ．
    a) サンプル調査における支持率とサンプル数は比例関係にある．
    b) 誤差率を小さく設定すると必要サンプル数も小さくできる．
    c) サンプル調査における支持率とサンプル数は反比例関係にある．
    d) サンプル調査における支持率が 50% に近いと必要サンプル数は多くなる．
2) 以下の記述のシステムや機能について，人工知能的とはいえないものをすべて選べ．
    a) 漢字変換において，利用者がよく使う頻度の高い変換を優先候補とする変換システム
    b) 焼き鳥を焦がさないようにするために串を一定時間で回転させる焼き鳥マシン
    c) 会社のタイムカードで遅刻する社員のデータを収集する機能
    d) レストランでお客の年齢性別と注文するメニューとの関係を知る機能
    e) レストランでお客が注文するメニューと店内滞在時間のペアデータを収集する機能

文 献

1) 西田圭介, ビッグデータを支える技術―刻々とデータが脈打つ自動化の世界, 技術評論社, 2017.
2) 上坂吉則, ニューロコンピューティングの数学的基礎, 近代科学社, 1993.
3) D. E. Rumelhart, G. E. Hinton and R. J. Williams, Learning representations by back-propagating errors. *Cognitive Modeling*, Ch. 8, 213, 1988.
4) Y. LeCun, Y. Bengio and G. Hinton, Deep learning. *Nature*, vol. 521, pp. 436-444, 2015.
5) Tsung-Yi Lin *et al.*, Focal loss for dense object detection. *The IEEE International Conference on Computer Vision (ICCV)*, pp. 2980-2988, 2017.
6) 関根ちひろ, 塩谷浩之, 葛谷俊博, 林純一, 室蘭イタンキ浜の「鳴り砂」を科学する. 室蘭工業大学公開講座 パンフレット, 2019.

8

高度情報化の事例：バーチャルリアリティ

　我々を取り囲むコンピュータや周辺機器および通信環境の高度化に伴い，一般生活でもバーチャルリアリティ（virtual reality (VR)）が身近なものとなってきた．VR というとゲーム，映画やテーマパークなど娯楽分野での応用が先行しているが，応用分野は広い．実際，設計分野（例えば機械設計，建築設計，都市設計，景観設計），医療分野（例えば手術シミュレーション，手術支援ロボット），防災分野（例えば災害シミュレーション，遠隔操作ロボット），広告業界（例えば住宅販売，衣料販売），訓練・教育分野（例えば運転シミュレータ，e ラーニング），芸術分野など，様々な分野に応用は広がっている．

　本章では，まず VR の概要について整理したのち，VR システムの構築技術の基本について学ぶ．また VR システムの具体的構築例として室蘭工業大学に設置された教育用 VR システムを取り上げ，これについて概観する．最後に VR とは何かということについて改めて考える．

8.1　バーチャルリアリティの概要

　VR をわかりやすく表現すれば「コンピュータを利用して人の五感を刺激することで実際に存在しない世界をあたかも存在するかのように感じさせる技術」といえるかもしれない．しかし VR はその程度や用途の違いなどにより多様性を持ち，これを明確に定義することは難しい．

　VR という用語が使われる以前から，コンピュータシミュレーション，ヒューマンインタフェース，コンピュータ設計など様々な分野でそれぞれに現在の VR につながる研究が行われていた．

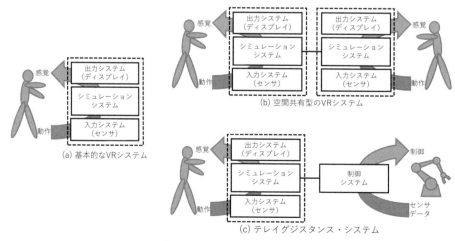

図 8.1　VR システムの構成要素

1990 年にこれらの研究者によるサンタバーバラ会議が開かれ，VR の満たすべき最も特徴的な 3 要素は「3 次元の空間性」，「実時間の相互作用性」，「自己投射性」であるといわれるようになった[2]．これらは人（ユーザ）の立場から VR に求める要件といえ，以下のような事柄を表す．

━━━━━━━━━━━━ VR の 3 要素 ━━━━━━━━━━━━

3 次元の空間性： 人にとって自然な 3 次元空間の環境が構成されていること
実時間の相互作用性： 人がその環境と実時間の相互作用をしながら行動できること
自己投射性： 人とその環境が一体となり環境に入り込んだ状態を感じられること

一方，個々の VR システムの特性を考えるための枠組みとして MIT メディアラボの D. Zeltzer によって提唱されたのが AIP キューブである．これは「自律性（autonomy）」，「対話性（inter-

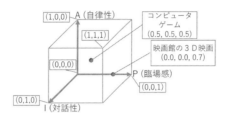

図 **8.2** AIP Cube

action）」，「臨場感（presence）」の 3 軸（それぞれ 0〜1 の範囲内）における図 8.2 のような立方体（キューブ）内の 1 点として VR システムの特性をプロットするものである．各軸について簡単に解説すると以下のようになる．

━━━━━━━━━━━━ AIP キューブの 3 軸 ━━━━━━━━━━━━

自律性（autonomy）： バーチャル世界の物体がどの程度もっともらしく法則に従って自律的に動くか．例えば，「ボール」を投げたとき，それが直線的に進むだけなら自律性は低いが，物理法則に従って放物線を描いたり，バウンドしたり，転がったり，減速したりすれば，自律性は高まる．
対話性（interaction）： ユーザの様々な動作に対してどの程度もっともらしく反応して動くか．例えば，視線方向を変えるために，ジョイスティックを操作しなくてはならないのであれば対話性は低いが，顔の向きや眼球の向きを変える動作をするだけで視線方向が自然に変わるようにできれば対話性は高まる．
臨場感（presence）： バーチャル世界の空間の中にいることをどの程度もっともらしくユーザに感じさせられるか．例えば，平面のスクリーンでバーチャル世界を見せるだけであれば臨場感は低いが，全天周型のシアターのようにドーム型のスクリーンで人を取り囲むように見せれば臨場感は高められる．

例えば映画館の 3D 映画の場合，臨場感はある程度高いが，観客の動作に反応しないので対話性はない．映像を再生するだけなのでシステムの自律性もない．このような特性を AIP キューブ上で (0.0, 0.0, 0.7) とプロットできる．一方，あるコンピュータゲームが自律性，対話性，臨場感をそこそこ持っているなら，それを (0.5, 0.5, 0.5) とプロットできる．AIP キューブはこのように特性を定性的に比較するための枠組みであり，定量的な性能評価基準ではない．

システムの構成要素の観点でみると，基本的な VR システムの構成は図 8.1(a) のようになる．入力システムと出力システムを介して人がコンピュータを操るという点では一般のコンピュータシステムと何ら変わらない．しかし，その内容において以下のような特徴を持つ．

—— VR システムの構成要素 ——

入力システム：　人の様々な動作（意識的な動作だけでなく無意識的な動作も含めて）をセンサで検知して入力する．ふつうのシステムであれば，キーボード，マウス，ボタン，ジョイスティックなどの入力装置を意識的に操作する動作だけが検知されて入力として用いられるが，VR システムの場合は，例えば頭の動き，腕や手の動きなどの無意識的な体の動作をも検知して入力として用いる．

シミュレーションシステム：　入力システムからの入力に応じてバーチャル世界のオブジェクトを法則に従って刻々と変化させ，自律的なバーチャル世界を模擬的に維持管理する．そのためには，物理法則に従った物体の運動を計算する物理演算や，光学的な効果を計算するコンピュータグラフィックスなど，高度なシミュレーションを実行する必要がある．また高い対話性を実現するために，多様で多量な入力に即座に対応し，ほとんど時間遅れを感じさせない程度に高速にシミュレーションを実行する実時間性も求められる．

出力システム：　人の様々な感覚に対して高度な刺激出力を与えることでバーチャル世界の状態を臨場感をもって感じさせる．ふつうのシステムであれば，平面ディスプレイでの映像出力や簡単なスピーカでの音声出力程度だが，VR システムの場合は，視界を覆いつくすような大画面表示や 3D 表示などといった高度な視覚刺激や，大規模なサラウンドシステムによる高度な音声刺激などを出力する．さらに，視覚や聴覚以外の感覚に対する刺激を出力する場合もある．

なお，ディスプレイというと通常は映像を提示するシステムに限られるが，VR システムでは様々な感覚情報を提示する出力システムを広く一般的にディスプレイと呼ぶ．

　ここで，図 8.1(a) の基本構成を別のシステムと連結すればその応用はさらに広がる．例えば図 8.1(b) のように 2 つの VR システムを連動させれば空間共有型の VR システムを構築できる．このようなシステムでは 2 人のユーザが互いに同じバーチャル空間にいるように感じることができ，自然な形で共同作業を行うことができる．さらに多数連動させれば多数のユーザがバーチャル空間を共有することも可能となる．

　一方，図 8.1(c) のように VR システムをロボットの制御システムと連動させればテレイグジスタンス・システムを構築できる．このようなシステムでは，ユーザは自分がバーチャル世界の中でロボットになったように感じることができる．例えば，人の立ち入れない災害現場のロボットを安全な遠隔地の VR システムを用いてあたかも現場にいるかのように自在に操ることが可能となる．また，体内のマイクロロボットを操作できれば医師が体内に小人となって入り込んで手術するといったことも実現可能になる．

8.2　バーチャルリアリティシステムの構築技術

VR システムの構成要素のそれぞれの構成技術についてさらに考察する．

8.2.1 出力システム

　VRシステムの出力システムは視覚や聴覚だけでなく人の様々な感覚（いわゆる五感）に刺激出力を与える．人の感覚の分類のしかたについては様々な考え方があるが，出力システムによる感覚刺激という観点に立てば以下のような感覚受容器による分類で考えるのが適当である．これは，我々がふだん「五感」と呼んでいる分類とは少し異なる．

―――― 人の感覚の分類例 ――――

受容器が特殊化しているもの
　視覚，聴覚，前庭覚（三半規管などで感じる体の動きや傾きの感覚），嗅覚，味覚
受容器が特殊化していないもの
　体性感覚　皮膚感覚：皮膚で感じる触覚，圧覚，温度感覚，痛覚
　　　　　　深部感覚：体内深部の筋肉，腱，関節で感じる感覚
　内臓感覚：臓器の状態に伴って感じられる感覚

　このうちVRシステムの出力システムとしては内臓感覚以外の感覚に対するものが存在する．人は複数の感覚を統合的に判断して状況を把握することが知られており，VRシステムでも複数の感覚刺激出力を組み合わせることでより高い臨場感が得られる．

a. 様々な出力システム

　VRシステムの出力システムとしては，特に視覚および聴覚に関する研究開発が早くから進み，我々の社会でも先行して普及が進んでいる．また体性感覚に関するものも実用化され始めている．以下に様々な出力システムを分類して示す．

―――― 出力システム（ディスプレイ）の分類例 ――――

視覚ディスプレイ
　　没入型ディスプレイ：　曲面スクリーン，多面スクリーンなどを用いて周囲を取り囲むように映像を表示するもの
　　立体視システム：　HMD（head mounted display），眼鏡式の両眼視差立体視システム，裸眼式の両眼視差立体視システム，体積走査型立体ディスプレイなどを用いて両眼で立体的に見えるように提示するもの
聴覚ディスプレイ
　　両耳型聴覚ディスプレイ：　多チャンネルのヘッドフォンやスピーカを用いてユーザの両耳の位置における音場のみを忠実に再現するもの
　　空間型聴覚ディスプレイ：　周囲を取り囲むように配置したスピーカアレイを用いてある広さの空間内全体の音場を忠実に再現するもの
前庭覚ディスプレイ：　モーションプラットフォームを用いてユーザの体全体を動かすことで加速度を感じさせるもの
嗅覚ディスプレイ：　匂い物質を気化させたものを嗅がせて匂いを感じさせるもの
味覚ディスプレイ：　味物質を滴下して味を感じさせるもの
体性感覚ディスプレイ：
　　皮膚感覚ディスプレイ：　振動子，電気刺激などで皮膚に刺激を感じさせるもの
　　深部感覚ディスプレイ：　人の動作に応じてモータなどで力を発生させることで，あたかもバーチャルなオブジェクトから反力を受けているように感じさせるもの

上記のうち，立体視システムは VR ゲームや 3D 映画として，聴覚ディスプレイもオーディオシステムとして既に我々にとって身近なものとなっている．また，没入型ディスプレイや前庭覚ディスプレイは大掛かりなシステムとなってしまうが，テーマパークなどの施設で体感することは可能となってきている．体性感覚ディスプレイのうち振動子を用いた皮膚感覚ディスプレイについてもパソコンのトラックパッドやスマートフォンのタッチパネル，ホームボタンなどに使われており，実際にパッドやパネル，ボタンを物理的に押し込んではいないにもかかわらずあたかも押し込んだかのような感覚を感じることができる．

　次に，出力システムの具体例として，視覚ディスプレイの1つである「両眼視差立体視システム」と体性感覚ディスプレイの1つである「力覚フィードバックシステム」を取り上げ（図 8.3），そのしくみについて考察する．

b.　出力システムの例 1：両眼視差立体視システム

　人が視覚から立体感を感じる手がかりの1つとして重要なものに 両眼視差がある．図 8.4(a) に示すように，人が両眼で眼前の立体物を見たとき，それぞれの眼の視点と視線方向が異なるため左眼と右眼で若干異なる像が見える．これを両眼視差という．人はこの両眼視差を脳で処理することで奥行きを知覚する．したがって，コンピュータグラフィックスを用いて，バーチャルオブジェクトを左眼で見たときの左眼用画像と右眼で見たときの右眼用画像の2つを生成し，これらをそれぞれ左眼と右眼に別々に見せることができれば，人はそのバーチャルオブジェクトを奥行きのある立体物として知覚することになる．この原理を利用するものが両眼視差立体視システムである．図 8.3(a) は HMD （head mounted display）方式の両眼視差立体視システムであり，図 8.4(b) に示すように左眼の前と右眼の前にそれぞれ専用の小型ディスプレイを配置することで左右の眼に別々の画像を表示する．これに対して，図 8.4(c) は液晶シャッター眼鏡方式の両眼視差立体視システムのしくみを示している．この場合はユーザの前の1つのディスプレイとユーザがかけた液晶シャッター眼鏡を組み合わせて用いることで，左右の画像を時分割式に分けて表示している．つまり，ディスプレイに左眼用画像を表示する瞬間に電圧制御で液晶シャッター眼鏡の左側の液晶を透明に右側の液晶を不透明にする．これにより右眼の視界を遮蔽し左眼にだけ左眼画像が見えるようにする．そして次の瞬間に左右を入れ替えることにより，右眼にだけ右眼用画像が見えるようにする．これを高速に切り替え続けることにより，左右の眼に別々の画像を表

(a) 両眼視差立体視システムの例

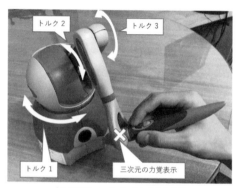

(b) 力覚フィードバックシステムの例

図 **8.3**　出力システムの例

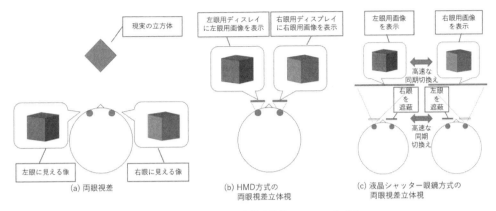

（a）両眼視差

（b）HMD方式の
両眼視差立体視

（c）液晶シャッター眼鏡方式の
両眼視差立体視

図 8.4　両眼視差と両眼視差立体視システムのしくみ

示することができる.

c.　出力システムの例 2：力覚フィードバックシステム

　体性感覚ディスプレイのうちの深部感覚ディスプレイの 1 つとして，図 8.3(b) のような力覚フィードバックシステムがある.　このシステムでは本体から伸びる関節つきのアームの先にペンが連結されており，ユーザは握ったペンをアームの可動範囲内において自在に動かせるようになっている.　ただし，アームの関節のうち図中の矢印で示した 3 ヶ所の関節については中にモータが組み込まれており，コンピュータ制御で回転トルクを発生できるようになっている.　したがって，これらの回転トルクを制御することによってペンの×印の位置で 3 次元方向に自在に力を発生させることができる.　ここで，このシステムを用いてユーザが操作するペンの動きに応じてペンの×印の部分に力を発生させることで，ペンがあたかもバーチャルなオブジェクトから反力を受けているように感じさせることができる.　このシステムではペンで物に触るというごく限られた状況における深部感覚しかディスプレイできないが，それでもバーチャルオブジェクトの質感や柔らかさ，固さなどを感覚として感じることができる効果は大きい.

8.2.2　入力システム

　VR システムの入力システムでは動作を計測するセンサがその中心となる.　このような動きを計測するシステムをモーションキャプチャシステムという.　モーションキャプチャシステムは，現実世界で動作する人や物体の各部の位置（3 次元）と姿勢（3 次元）を計測することで動作を捉える.

　なお，位置や姿勢そのものではなく，速度や角速度，加速度や角加速度といった位置や姿勢の変化を計測するものが補助的に用いられることがある.　また，動作以外にも筋電図や心電図などの生理的な情報を補助的に利用することもある.

　以下では，モーションキャプチャシステムの具体例として図 8.5 に示す磁気式モーションキャプチャシステムと光学式モーションキャプチャシステムについて考察する.

a.　入力システムの例 1：磁気式モーションキャプチャシステム

　図 8.5(a) に示す磁気式モーションキャプチャシステムでは，磁気トランスミッタで発生させた磁場を磁気センサのコイルで計測することによって，磁気トランスミッタを中心とする 3 次元の直交座標系における磁気センサの位置と姿勢を計測する.　磁気トランスミッタから半径数十 cm

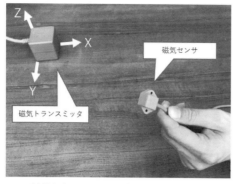

(a) 磁気式モーションキャプチャシステムの例　　　　　　　(b) 光学式モーションキャプチャシステムの例

図 8.5　入力システムの例

程度の範囲内であれば比較的正確に磁気センサの位置と姿勢を計測できる．使用できる磁気セン
サの数は数個〜10 個程度と限られるが，それぞれの磁気センサの位置と姿勢を個別に計測できる
ので，例えば「手の位置と姿勢」，「頭部の位置と姿勢」というような塊としての部位の動きの計
測に向いている．

b.　入力システムの例 2：光学式モーションキャプチャシステム

図 8.5(b) に示す光学式モーションキャプチャシステムでは，ユーザの体の表面の各部に貼り付
けた数十個の反射マーカを，ユーザを取り囲むように配置した複数のキャプチャカメラ（図のシ
ステムの場合は 8 台のキャプチャカメラを有している）から撮影することで，反射マーカそれぞ
れの 3 次元的な位置を同時に計測する．個々のマーカの姿勢は計測できないものの，数十個もの
マーカの位置の動きを解析することで全体の動きを捉えることができる．人の踊りの動作のよう
な複雑な動きの計測に向いている．

8.2.3　シミュレーションシステム

シミュレーションシステムは VR システムの要である．高い自律性と対話性を実現するため，
シミュレーションシステムは入力システムからの入力に応じてバーチャル世界のオブジェクトを
法則に従って刻々と変化させ，その結果を出力システムに即時的に出力しなくてはならない．そ
のためには様々なプログラミング技術を駆使する必要がある．例えば，視覚のシミュレーション
に必要となる主な技術を以下に挙げる．

a.　コンピュータグラフィックス

バーチャル空間のオブジェクトを視覚化するために要となる技術がコンピュータグラフィック
スである．オブジェクトを立体として数値的に表現（モデリングという）するとともに，その見
え方を光学シミュレーションによって画像化（レンダリングという）する．詳細で高度なモデリ
ング・レンダリングをすれば画像のリアリティは向上するが計算に時間がかかり，即時性が犠牲
となり対話性が損なわれるというトレードオフがある．適切な詳細度を設定したり，グラフィッ
クスボードのハードウェア処理を利用するなどの工夫が必要となる．

b.　物 理 演 算

バーチャル空間のオブジェクトを自律的に動かすためには，オブジェクトの運動を物理的な法
則に基づいて刻々と計算する必要がある．簡単な質点の運動程度であれば運動方程式を数値的に

解くことで比較的簡単に計算できる．しかし，大きさを持った物体の運動の場合その計算は複雑になる．このような場合は物理演算エンジン（古典力学的な法則をシミュレーションするソフトウェアライブラリ）を活用することもある．物体の変形や，液体，煙などを扱う場合はさらに高度な物理演算を実装する必要がある．

c. イベント駆動型プログラミング

多様な入力に即座に反応するため，イベント駆動型のプログラミングをする必要がある．入力システムからの個々のデータの到着がイベントであり，多量かつ高速に発生するイベントに対して，そのイベントが発生するごとに即座に適切な処理を行うようにプログラミングすることが求められる．また，出力システムにバーチャルオブジェクトの状態を刻々と出力するためには，時を刻むタイマーイベントにも即座に対応して適切な処理を行う必要がある．

d. リアルタイムプログラミング

高い対話性と自律性を実現するためには，イベントの発生に応じて物理演算やモデリング・レンダリングを即時的に完了して出力システムに出力する必要がある．このような即時性を求められるプログラミングをリアルタイムプログラミングという．単に処理を高速化するだけでなく，それぞれの処理間の同期や優先順位設定をしたり，場合によっては処理を省略したりするなど工夫をして対話性と自律性を維持する必要がある．

8.3 バーチャルリアリティシステムの具体的構築例

VR システムの具体的な構築例として，室蘭工業大学に設置された教育用 VR システムである「VR シアター」（図 8.6 参照）を紹介する．このシステムは 2009（平成 21）年度から 3 ヶ年で実施された事業「自律進化型教育サイクルによる創造的情報処理技術者の育成」のために導入されたもので，大学の学部教育レベルにおいて VR 設備を本格的に活用する全国でもユニークな試みが実施されている[3]．

図 8.6 VR シアター

8.3.1 VR シアターの施設概要

VR シアターの個々の VR システムは磁気式モーションキャプチャシステムと両眼視差立体視システムを用いたごく標準的な構成のものである．しかし，施設が全体として 100 名の学生が同時に利用できる教育用 VR システムとして機能するところにユニークな特徴がある．VR シアターの施設（図 8.7 参照）は以下に示すように「VR シアター」本体と「VR スタジオ」および「計算機演習室」が連携して機能するように設計されている．

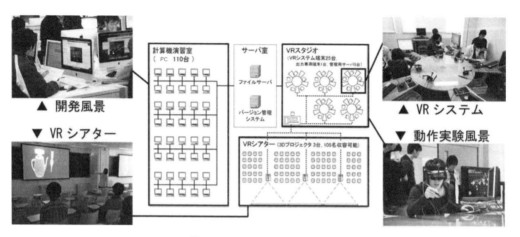

図 8.7　VR シアターの施設概要

—— VR シアターの施設概要 ——

VR スタジオ： VR 端末（磁気式モーションキャプチャシステムと HMD 方式の両眼視差立体視システムを接続したパソコン）が 25 台設置されている．この VR 端末で動作するシミュレーションシステムを VR ソフトウェアとして開発することで様々な VR システムを実現できる．学部学生はここで「VR 教材」（学習用教材として利用することを想定した VR ソフトウェア）を開発する演習を行う．

VR シアター： 100 名収容可能な教室で，液晶シャッター眼鏡方式の両眼視差立体視に対応した大型プロジェクタが 3 台設置されている．ここでは VR スタジオの VR 端末で VR 教材を操作しているユーザが HMD で見ている映像を，100 名の学生の前に立体映像としてリアルタイムに上映することができる．

計算機演習室： 110 台のパソコンが設置されている．これらのパソコンは通常のコンピュータ演習にも用いられるもので，VR 用の入出力システムは設置されていない．しかし，VR 用入出力システムを模擬するソフトウェア（エミュレータ）を用意してあるため，これを利用して VR 教材の開発と基本的な動作確認を実施することができる．ここで VR 教材の基本的な動作確認をしてから VR スタジオの 25 台の VR 端末でその操作感を確認することにより，100 名の学生が同時に VR 教材の開発に取り組むことができる．

8.3.2 VR シアターのシステム構成

VR システムのシステム構成を図 8.8 に示す．

図で「VRC」となっている部分が VR 端末を示しており，VR スタジオの 25 台の VR 端末と

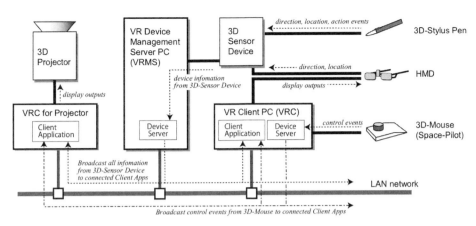

図 **8.8** VR シアターのシステム構成

VR シアターのプロジェクタ用の VR 端末 1 台の合計 26 台の VR 端末が LAN で相互に接続されている.

　VR スタジオの VR 端末のそれぞれには入出力システムとして 3D スタイラスペン，3D マウス，HMD，および HMD に搭載した磁気センサ（図 8.9）が LAN を介して接続されている．この VR 端末を VR システムの基本的な構成要素という観点で整理すると以下のようになる.

―――― **VR 端末の構成要素** ――――

入力システム

3D スタイラスペン： 磁気センサを内蔵したスタイラスペン．スタイラスペンの空中での位置と姿勢を計測でき，バーチャルオブジェクトをスタイラスペンで突いたり，バーチャル空間で空中に曲線を描いたりする操作が可能になる.

3D マウス： ノブの部分を 3 次元的にずらしたり捻ったりすることで，3 次元の移動と回転を入力できる．バーチャルオブジェクトの移動・回転やユーザ自身のバーチャル世界における移動・回転といった操作に利用できる.

HMD に搭載した磁気センサ： HMD の「つの」の部分に搭載された磁気センサも入力システムの 1 つであることに注意する．これによってユーザの頭部の位置と姿勢を計測することができ，バーチャル世界における視点と視線方向を無意識的な頭部の動きで自然に操作できることになる.

出力システム

HMD： HMD の中の 2 つのディスプレイで両眼視差立体視することで眼前に奥行きのある立体物があるように感じさせることができる．また，頭部の動きに応じた視点と視線方向からの画像を HMD に表示することで，自分の周囲のバーチャル世界をぐるりと見回したり，バーチャルオブジェクトの裏側に回り込んであらゆる方向から眺めたりすることが可能になる.

シミュレーションシステム： オブジェクト指向プログラミング言語である Java 言語で記述されたシンプルな VR ソフトウェアが雛形として準備されている．学生の力量に応じてこの雛形を改変していくことで，様々なオリジナルの VR 教材を制作できる.

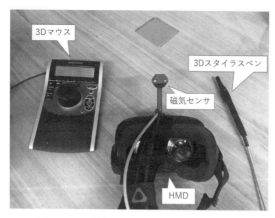

図 **8.9**　VR 端末の入力システムと出力システム

地震源ビューア

空中お絵かきシステム

電子軌道ビューア

バーチャルサッカー

プラネタリウム

（a）VR教材の開発例

空中手書きモデリングシステム

（b）空間共有型VRソフトウェアの開発例

図 **8.10**　開発された VR ソフトウェアの例

8.3.3 開発された **VR** ソフトウェアの例

学部 2 年の学生が演習授業で開発した VR 教材の例を図 8.10(a) に示す．このうち，例えば「電子軌道ビューア」は地球の磁場に対してスタイラスペンで様々な位置から様々な方向に電子を発射しその動きを観察する VR 教材を実現している．磁場に影響されて複雑な軌道を描いて飛び回る様子をリアルに体験することができる．一方，図 8.10(b) に大学院の学生が開発した空間共有型 VR ソフトウェアの例を示す．LAN で接続された複数の VR 端末を連動させることで，複数のユーザがバーチャル空間を共有して共同作業できるシステムが実現されている．

8.4 バーチャルリアリティとは何か

バーチャルリアリティ（virtual reality）の "virtual" は「実際の事実としては存在しないが本質的には存在するさま」を意味する．virtual の訳語としてしばしば「仮想」が使われるが，日本語の「仮想」には「事実でないことを仮にそう考えること」という意味がある．つまり，"virtual" は本質的には「事実がある」という概念なのに対して，「仮想」は仮であって「事実はない」という概念であり，反対のニュアンスを持つ．そのため，バーチャルリアリティを「仮想現実」と訳すと誤解を招くことがあり注意が必要である．実際，研究者はあえて訳さずにそのままバーチャルリアリティあるいは VR と表現するようになってきている．

「バーチャルリアリティ」の直訳は「本質的な現実」となる．つまり VR は現実の本質部分（エッセンス）を現実感をもって体感させる技術といえる．ここで本質部分として何を抽出するかで VR のあり方は変わる．実際と見分けのつかない現実感を追求するのも VR の 1 つかもしれないが，それだけではない．例えば「電子軌道ビューア」は現実には観察し得ない電子の動きを現実の本質として抽出して現実感をもって体感させるという意味で 1 つの VR といえる．

VR にはいくら理屈を学んでも実際に体験してみないと理解できない部分が多い．VR 技術を身近に体験できるようになった若い世代の技術者が，今後これをごく当たり前の技術として柔軟な発想で使いこなしていくことが期待される．

演 習 問 題

1) 次の VR システムの構成要素のうち自律性を実現するための要となる要素はどれか答えよ．
   a) 入力システム
   b) シミュレーションシステム
   c) 出力システム
2) 次の感覚のうち受容器が特殊化していないものをすべて挙げよ．
   a) 視覚
   b) 皮膚感覚
   c) 嗅覚
   d) 前庭覚
   e) 味覚
   f) 聴覚
   g) 深部感覚

h) 内臓感覚

3) 力覚フィードバックシステムは次のうちどの感覚に対するディスプレイか答えよ.

    a) 視覚

    b) 聴覚

    c) 前庭覚

    d) 嗅覚

    e) 味覚

    f) 体性感覚

    g) 内臓感覚

4) 次の AIP キューブの 3 軸のうち磁気センサを搭載した HMD を用いても向上させることができないのはどれか答えよ.

    a) 自律性（autonomy）

    b) 対話性（interaction）

    c) 臨場感（presence）

5) ディスプレイで両眼視差の原理を利用することで高められる効果として最も適当なのは次のうちどれか答えよ.

    a) 周囲を見回せる没入感

    b) 本物らしい高い質感

    c) 立体的な奥行き感

    d) 色彩の鮮明感

    e) 自然なコントラスト感

    f) オブジェクトに回り込んで見られる対話性

6) VR 端末に接続された次の 4 つの機器のうち，入力システムに分類されるものをすべて挙げよ.

    a) 3D スタイラスペン

    b) 3D マウス

    c) HMD

    d) HMD に搭載した磁気センサ

文　　　献

1) 日本バーチャルリアリティ学会編, 舘暲, 佐藤誠, 廣瀬通孝監修, バーチャルリアリティ学, コロナ社, 2011.

2) 岡田謙一, 西田正吾, 葛岡英明, 仲谷美江, 塩澤秀和：IT Text ヒューマンコンピュータインタラクション（改訂 2 版）, オーム社, 2016.

3) 佐藤和彦, 服部峻, 佐賀聡人, 主体的な学習を促す実践的ソフトウェア開発演習の改善とその効果の検証. コンピュータ＆エデュケーション, vol. 46, pp. 64-69, 2019.

9

情報セキュリティと現代社会

セキュリティは本来,「安全」を意味する. 守るべきものが正常な状態にあり, その状態が維持されている場合に「セキュリティが保たれている」状態とされる. セキュリティが保たれていない状態では, 安心して社会生活を送ることができない. このため, セキュリティを保つようなしくみや工夫をすることが必要である. また, セキュリティが破られた場合に速やかに回復するなどの措置を行う.

本章では, まず, 情報セキュリティに関する基礎的な考え方について俯瞰する. 次に, セキュリティの応用技術や管理的な側面について重要な項目を説明する. 最後に, セキュリティに関する法律や規則について学ぶ.

9.1 セキュリティをとりまく状況

9.1.1 情報セキュリティとは
広義のセキュリティには以下が含まれる.
1) 地震・火災・風水害などの自然災害
2) 戦争・テロ
3) 盗難・泥棒・詐欺
4) 事故
5) 銀行や関連会社の倒産, 株価の下落

例えば, 安全な生活を送るため, 人は自然災害に備え安全な住居を用意し, 万が一災害が発生した場合を想定し保険をかける. 戦争やテロに対しては, 国として対応が必要である. 英語では national security と呼ばれ, 国家の重要な役割の1つとなっている. また, 盗難, 事故, 経済的な危機への対応も広義のセキュリティに含まれることに注意されたい.

これらに対して「情報セキュリティ」は, 情報資産や情報を扱う仕組みに対して安全な状態が保たれていることを指す. ここで, 情報資産は, 個人情報などのようにそれ自身に価値のある情報を指す.

JIS Q 27002 (ISO/IEC 27002)[1] では, 「情報セキュリティは情報の機密性, 完全性, 可用性を維持することと」とより具体的に定義されている.

近年, 情報の漏えいや情報の不正利用事件が社会問題となっており, 新聞やテレビを賑わしている. これまでにも増して情報セキュリティの重要性が注目されている. 特に注目されている理由として, 次の要因と関わっていると考えられる.

1)　技術の進展：情報技術の進展により，情報を多量に扱うことが可能になった．また，イン
　　ターネットなどの普及により，情報共有が容易になった．
2)　社会ニーズの変化：情報に価値が生まれ，差異化のために情報を活用するニーズが増加した．
3)　意識の変化：個人情報保護法などに代表されるように，情報の所有する権利や利用する権
　　利など情報に対する権利の意識が変わってきた．

9.1.2　基　礎　知　識

情報セキュリティを考える上で，基本となる概念について説明する．

a.　物理セキュリティと論理的セキュリティ

「物理セキュリティ」は建物や施設，装置などを物理的に守ることを示す．具体的には，以下
のような項目が挙げられる．

1)　建物や施設の耐震化，防火設備の設置など．
2)　建物の警備，入退室の管理．
3)　電源室の物理的な保護，電源の多重化．
4)　回線の多重化．
5)　広域バックアップシステムなどの設置．

これに対し，上記以外のものは「論理的セキュリティ」と呼ばれ，以下の3つの分野に大別さ
れる．

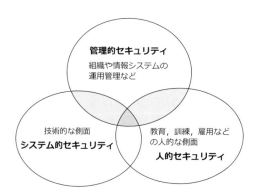

図 9.1　論理的セキュリティの3つの側面

1)　システム的セキュリティ

　　　主に技術的な側面でのセキュリティを指す．システム的セキュリティはシステム設計時
　　に技術的検討が行われる．例えば，暗号や認証技術の導入やそれらの運用に関して検討さ
　　れるが，扱う情報の重要性や運用上のリスクに基づいて評価される．
2)　管理的セキュリティ

　　　情報および情報システムの運用および管理に関するセキュリティを指す．情報システム
　　のライフサイクルを考慮し，企画立案から設計，製造，運用，破棄までの間にセキュリティ
　　を担保することが必要とされる．例えば，5年の運用を想定して設計したシステムであれ
　　ば，その間継続的にシステムのセキュリティを担保するためのしくみを考えておく．また，
　　運用に関わる人間の教育など，人的なセキュリティについても考慮が必要である．

3）人的セキュリティ

　　教育，訓練，雇用などの人的な側面からセキュリティを考えることを人的セキュリティと呼ぶ．システム的にセキュリティを破ることが難しい場合，システムに関わる人に対してセキュリティ攻撃を仕掛ける「ソーシャルエンジニアリング」の手法が取られる．このため，運用ルールを決めておくだけでなく，人の教育や訓練を行う必要がある．

b. 情報の CIA

情報セキュリティの特性として，機密性，完全性，可用性の3個が重要である．英語の頭文字を取って，CIA と呼ばれている．

― 情報の CIA ―

　機密性（**confidentiality**）
　完全性（**integrity**）
　可用性（**availability**）

- 機密性（confidentiality）

　許可された者のみが情報にアクセスできること．決められた範囲内でのみアクセスを許可することが必要とされる．例えば，ファイルに対して読み込み，書き込み，一覧表示，処理の実行など操作可能な範囲の細かな指定が行われる．

- 完全性（integrity）

　データの正当性・正確性・網羅性・一貫性を維持すること．データが処理・保管中に恣意的に改ざんされたりしないことや，データ処理の中でも完全性を保持することが必要とされる．例えば，銀行などの送金トランザクション処理では，一貫性を保証するため，処理が失敗したら処理前の状態（口座に送金額を戻す）に保つように工夫がされている．

- 可用性（availability）

　必要なときにいつでもデータやサービスが利用可能なこと．システムダウンなどで利用できない時間が十分小さくなるように，システムを多重化するなどの設計が必要になる．また，適当な応答時間を保証するために，将来にわたるシステムの負荷に対して処理性能が担保されている必要がある．

c. その他のセキュリティの特性

上記に加え，以下の特性も使われることがある．

― その他の情報の特性 ―

　真正性（**authenticity**）
　責任追跡性（**accountability**）
　否認防止（**non-repudiation**）
　信頼性（**reliability**）

- 真正性（authenticity）

　本物であり偽りのないことを確認すること．例えば，顔写真入り身分証明書で本人確認を行い，なりすましを防ぐことで真正性を担保する．

- 責任追跡性（accountability）

行動を一意に追跡できるようにすること．例えば，情報へのアクセス履歴（ログ）を残すことや入退室記録を残すことで，後から行動を追跡可能なようにする．

- 否認防止（non-repudiation）

後から否認されないようにすること．例えば，書類の完全性保証のための電子署名を付与して保管すると，これによって署名した本人も署名の事実を後で覆すことができなくなる．

- 信頼性（reliability）

操作や処理の結果に矛盾なく，整合が取れていること．例えば，情報システムが正常動作を保証し信頼性を上げるため，ソフトウェアの不具合修正や脆弱性対策を行う．

9.2　セキュリティ技術

9.2.1　認　証　技　術

正真性を保証するため，また権限のある人間かどうかを確認するため，認証技術が使われる．以下の4つの手段が取られる．

認証手段

所有情報による認証：　トークンやICカードなど物から認証する方式
記憶情報による認証：　本人しか知りえない情報に基づき認証する方式
生体認証：　指紋，顔，虹彩など身体的な特徴をもとに認証する方式
多要素認証：　上記の認証手段を複数組み合わせて認証する方式

---

1) 所有情報による認証

この方式は最も古くから使われている．例えば，印鑑は「印影が同一であることは，印鑑は同一である」という前提に基づく．実印（印鑑）を持っていることで本人であることの証と見なす方式である．印影が同一の印鑑を作成することで，印鑑による認証を破ることが可能である．電子化された所有情報として，磁気カードが初期に使われていた．しかし磁気カードは複製が容易であるため，現在はICチップを埋め込んだICカードが一般に使われている．また，近年では，通信キャリアとの契約回線により一意性が保証されているスマートフォンなどを使う方法も使われている．

所有情報による認証の欠点は，認証に使われる物が他人の手に渡ればなりすましが可能な点である．このため，所有情報に加え別の認証手段を併用する多要素認証の方が望ましいとされている．

2) 記憶情報による認証

パスワード（パスフレーズ）を使う方法は容易に実現することが可能であり，現在多くのシステムで利用されている．パスワードを忘却する可能性があるため利用者が安易なパスワードを付けることが多く，脆弱性となりやすい．攻撃手法や対策についてはこの後で述べる．

3) 生体認証

パスワードに比べて忘却の可能性がなく使い勝手の面で有利であるが，専用の認識装置（セ

ンサなど）が必要になり実現コストが上昇する．また，生体の特徴は一生変化しないため，情報が流出しても認証の鍵を変更することはできない．

4）多要素認証

複数種類の認証手段を併用することで，単独の認証よりも破られにくいとされる．例えば，IC カードとパスワードを組み合わせることで，IC カードを不正に入手した場合にも容易に認証を突破することはできなくなる．他方，利用者は複数回の認証を強いられるため，使い勝手が悪くなるというデメリットがある．

a.　パスワードへの攻撃手法

パスワードに対する攻撃としては，以下の手法が取られる．

1）類推攻撃

名前や誕生日，住所などパスワードとして使うことの多い言葉を試す方法．よく使われるパスワードの統計も発表されているので，攻撃に利用されることもあるが，逆にパスワードの強度のチェックに利用することができる．

2）辞書攻撃

辞書にある言葉の組み合わせを試す方法．意味のない文字列を試さなくて良いので，総当たり攻撃に比べて効率が良い．

3）総当たり攻撃（brute force）

すべての文字の組み合わせを試す方法．パスワードの長さが長くなると指数関数的に試す組み合わせが増加し，現実的な時間内に見つけることができなくなる．株式会社ディアイティの 2012 年のレポート[2]によると，ZIP 形式のファイルの場合，8 桁の英大小文字数字記号から構成したパスワードは 14 日で解読可能とされている．10 桁では 341 年が必要になる．2019 年現在ではさらに高速化がされており，10 桁でも数日で解析可能と推定される．

b.　パスワード攻撃への対策

多要素認証方式を取り入れることでパスワードへの攻撃に対抗することができる．現実的にはコスト面の制約などから，高セキュリティの要求される場面で利用されることが多く，普及は限定的である．パスワードのみが使われているシステムで，利用者でできる対策としては次のようなものが挙げられる．

1）複雑なパスワード，長いパスワードを使う．
2）頻繁にパスワードを変更して，解読する時間を与えない．
3）他のシステムのセキュリティが破られる可能性を考慮し，パスワードの使い回しはしない．

システム的に対策を行う場合，上記のパスワードの設定を促すようなしくみが考えられる．複数回の誤りでアカウントをロックする方法が効果的であるが，意図しない攻撃でロックされてしまい，利便性が下がる．

近年では，画像による認証や図形の組み合わせによる方式など，文字に頼らない方式も利用されつようになりつつある．

9.2.2　暗 号 化 方 式

データ暗号化の原理については，既に 3.4 節で述べた．本項では，暗号化技術の実際の利用技

術や注意点について述べる.

まず, 暗号アルゴリズムの特性について以下に示す.

―――――――――― 暗号アルゴリズムの特性 ――――――――――

複数の暗号アルゴリズム: 暗号アルゴリズムは複数の種類があり, 目的によって使い分けられ
る. 3.4 節で説明した RSA 暗号も暗号アルゴリズムの 1 つである. 一般に, 強力な暗号ア
ルゴリズムは複雑な計算が必要になり, 計算に時間がかかる. このため, 高速な計算機が
必要になり, コストがかかる.

暗号アルゴリズムの強弱: 暗号アルゴリズムには強弱がある. アルゴリズムの強さは, 計算に
よって解読する時間などで評価される. 弱い暗号アルゴリズムを使うと, 鍵がなくても短
時間で内容を推測することが可能になってしまう.

暗号アルゴリズムの危殆化(きたいか): 計算機の速度が向上し, 暗号研究が進むことでアルゴ
リズムの効率的な解読方法が発見されるため, 年を追うごとに暗号アルゴリズムも古くな
り, 安全レベルが下がる. このため暗号化して長期で保存する必要のあるデータは, 途中
で暗号アルゴリズムの入れ替えを想定して設計することが望ましい. 暗号化済みファイル
の暗号アルゴリズムを入れ替える作業は膨大である.

a.　共通鍵暗号方式

図 9.2 に共通鍵暗号方式を使った暗号文のやりとりを示す. この方式の場合, 暗号化と復号に
同じ鍵が使われる. このため, 暗号を受け取る相手とあらかじめ鍵を共有しておくことが必要と
なる. 暗号文を電子メールで送付する場合, 鍵も同じメールで送ると解読される危険があるため,
電話や FAX などメール以外の方法で共有する必要がある. 相手とだけ共有している記憶情報(例
えば, 最初に 2 人が出会った場所など)を鍵に使うのも好適である.

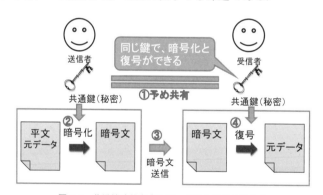

図 9.2　共通鍵暗号方式を使った暗号文のやりとり

b.　公開鍵暗号方式

図 9.3 に共通鍵暗号方式を使った暗号文のやりとりを示す. 公開鍵暗号方式では, 公開鍵, 秘
密鍵と呼ばれる鍵のペアを利用する. 公開鍵で暗号化した暗号文は秘密鍵のみで復号できる. 逆
に, 秘密鍵で暗号化した暗号文は公開鍵のみで復号できる. 公開鍵はあらかじめどこかに公開し
ておき, 秘密鍵は誰にも見つからない場所(パソコン内)に補完しておく.

電子メールで暗号文を送りたい場合には, 受信者の公開鍵を使って暗号化を行う. 受信者は暗
号文を自分の秘密鍵を使って復号することができる. 仮に, 第三者が不正に暗号文を入手しても
秘密鍵がなく復号することができないため, 通信の傍受に対して安全であるといえる.

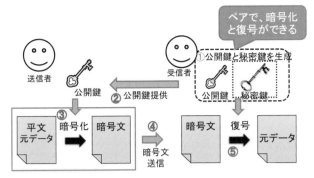

図 9.3 公開鍵暗号方式を使った暗号文のやりとり

9.2.3 電子署名

電子署名は，電子的に作成された文書や画像などの作成者の本人確認や改ざん防止のために使われる．紙の文書に対する捺印やサインに相当するが，電子署名では公開鍵暗号技術を応用した方法が使われる．

電子メールでの送信のための暗号化では，相手の公開鍵を使って暗号化したが，電子署名の場合には秘密鍵を使って暗号化を行う．受信者は送信者の公開鍵で復号できることを確認することで，鍵の対応関係から本人であることの確認ができる．また，文書全体を暗号化する代わりに文書の特徴量（ハッシュ値）を計算し，その特徴量だけを暗号化して文書に添付する．ハッシュ値は文書から一意に計算できて，文書が一部でも改ざんされていれば異なる値になる関数が使われる．

図 9.4 に電子署名の作成方法を示す．以下に，手順の概要を示す．

1）電子データから特徴量（ハッシュ値）を計算する．

2）特徴量を自分の秘密鍵を使って暗号化する．

3）暗号化したハッシュ値を電子署名として元の電子データに添付する．

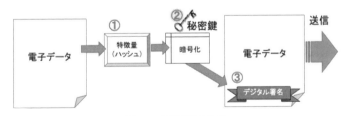

図 9.4 電子署名の作成

図 9.5 に電子署名の検証方法を示す．以下に，手順の概要を示す．

1）検証する電子データから特徴量（ハッシュ値）を計算する．

2）作成者の公開鍵を使ってデジタル署名を復号する．

3）電子署名と特徴量を比較する

- 一致すれば，署名は正当
- 一致しなければ，偽物（改ざんされている可能性がある）

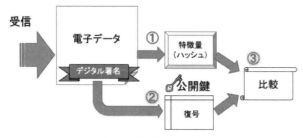

図 9.5　電子署名の検証

9.2.4　認証基盤と電子認証局

電子認証局（certificate authority (CA)）は，電子署名の正当性を保証するためのしくみである．なりすましや事後否認などを防止することができる．

―― 電子認証局の役割 ――

なりすましの防止　：電子署名では使われた鍵のペアが揃っていることは確認できるが，公開鍵は本人のものかどうかわからない．

改ざんの防止　：第三者に勝手に情報を書き換えられることを防止する．

盗聴の防止　：情報のやり取りを第三者に盗聴されることを防止する．

事後否認の防止　：公開鍵を自由に入れ替えることができると，後で，自分の電子署名ではないと拒否することができてしまう．

上記の課題に対して，第三者機関である「電子認証局」に鍵の管理を任せることで，正当性を保証することが可能である．

以下に，電子認証局を使ったサーバ証明書のしくみについて説明する．

a.　サーバ証明書のしくみ

サーバ証明書を設置するためには，以下の手順を取る．

1) サーバ上で秘密鍵，公開鍵のペアを作成する．
2) サーバを管理する組織名や住所などを含むサーバ証明書を作成する．
3) サーバ証明書に秘密鍵を使って署名する．
4) サーバ証明書を認証局に送って，認証局の署名をもらう．
5) サーバ証明書をサーバに配置する．

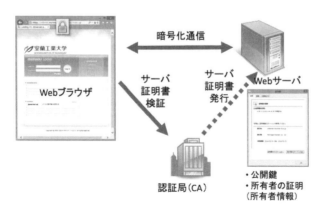

図 9.6　電子認証局を応用したサーバ証明書

1) Web ブラウザは認証局で電子証明書の有効性の確認を行う．SSL で通信を行う場合，次の手順で処理が行われる．
2) Web ブラウザと，Web サーバは SSL で暗号化した通信を開始する．
3) Web ブラウザに鍵マーク表示される．

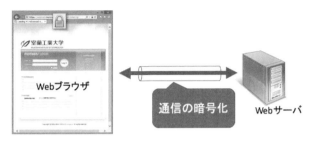

図 9.7 SSL 通信

サーバ証明書を表示して確認するためには，Web ブラウザの URL 欄の左側の鍵マークをクリックして認証期間の確認を選択後，証明書表示を選択する．図 9.8 に手順を示す．図の右にサーバ証明書の例を示す．発行者（例では NII Open Domain CA）や有効期限（例では 2020/3/7 まで）を確認することができる．

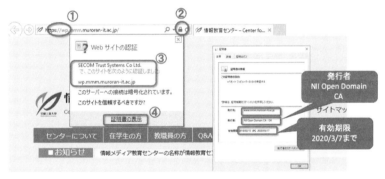

図 9.8 サーバ証明書の表示方法

9.3 情報セキュリティ管理

9.3.1 情報セキュリティ対策の機能
情報セキュリティ対策では，インシデントの段階に応じて次の 4 機能が必要になる．

───── 情報セキュリティ対策の機能 ─────

抑止・抑制 ：そもそもセキュリティ問題が発生しないようにする．
予防・防止 ：弱点に対して，問題が発生しないような対策を取る．
検知・追跡 ：問題の発生を速やかに発見し，影響範囲や原因などを特定し対策を行う．
回復 ：問題発生後に正常な状態に戻す．

9.3.2 具体的な対策例

各インシデントの段階において様々な対策が可能であるが,具体的な対策例を図 9.9 に示す.

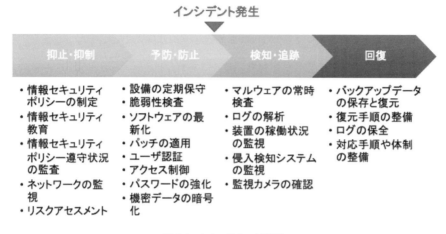

図 9.9 セキュリティ対策例

9.3.3 マネジメントシステムと認証制度

セキュリティのマネジメントシステムとは,上記の対策を系統立てて実施する手段である.実施すべき項目や手順は標準規格として JIS Q 27002 (ISO/IEC 27002)[1] で定められている.マネジメントシステムは継続的な改善を行い,レベルアップを図るしくみを実現する.これは PDCA サイクルと呼ばれる (図 9.10).情報システムに関するセキュリティに関するマネジメントシステム (information security management system (ISMS)) は,以下の項目から構成される.

図 9.10 PDCA サイクル

---- ISMS の主な要素 ----

組織の状況 ：組織とその状況の理解，利害関係者のニーズおよび期待の理解，適用範囲の決定

リーダーシップ ：リーダーシップおよびコミットメント方針，組織の役割，任および権限

計画 ：リスクおよび機会に対処する活動，情報セキュリティ目的およびそれを達成するための計画

支援 ：資源，力量，認識，コミュニケーション，文書化した情報

運用 ：運用の計画および管理，情報セキュリティリスクアセスメント，情報セキュリティリスク対応

パフォーマンス評価 ：監視，測定，分析および評価，内部監査，マネジメントレビュー

改善 ：不適合および是正措置，継続的改善

すべての項目に対して，組織として対応しその証跡を文書として残して管理することが必要とされる．また，認証のため審査機関による審査を定期的に受けることが求められる．

9.4 関連する法律や制度

9.4.1 関連する法律
情報セキュリティに関連する法律としては，重要な法律を以下に示す．

---- 主なセキュリティ関連の法律 ----

サイバーセキュリティ基本法： インターネットなど高度情報システムのセキュリティに関する基本理念を定めた法律

改正個人情報保護法： 個人を識別することのできる「個人情報」の取り扱いに関する法律．（2015年に改正された版は，以前のものと区別するため「改正個人情報保護法」と呼ばれる）

マイナンバー法： 年金や納税などを管理するため導入された個人番号（通称「マイナンバー」，以下マイナンバーと呼ぶ）の管理に関する法律

電子署名及び認証業務に関する法律： 電子署名および電子認証など電磁気的な記録の普及のため，それらが法的に有効であることを定めた法律

不正アクセス行為の禁止等に関する法律： システムのアクセスに必要な ID やパスワードなどの不正取得やそれを助長する行為を禁止する法律

上記以外に，刑法，著作権法，電気通信事業法，有線電気通信法，電波法，特定電子メールの送信の適正化等に関する法律，など多数が挙げられる．ここでは，消費者として特に知っておく必要のある改正個人情報保護法，マイナンバー法，不正アクセス行為の禁止等に関する法律についてのみ述べる．

9.4.2 改正個人情報保護法
個人情報保護法は多量の個人データを集めて分析する，いわゆるビッグデータの分析を促進し，情報提供者の想定していない利用を防止するため，2015年に改正され2017年に全面施行された．改訂されたポイントは次の通りである．

1）個人情報の定義の明確化

住所，氏名などに加えて，免許証の番号や指紋，顔画像など個人が特定できる情報を個人情

報として保護することを明確にした．また，個人情報のわからないように加工された「匿
名加工情報」は企業内などで利活用を認めた．

2）保護の強化

個人情報を扱う企業にデータ取得の経緯を保存するなど，トレーサビリティの確保を義務
づけた．また，名簿の流通などを防止するため，取得目的以外の利用を禁止した．

3）適用範囲

従業員数 5000 人以下の中小企業も対象となり，改正前に比べて適用範囲が広がった．

消費者として個人情報を提供する場合，事前に個人情報に関する管理がされていることを確認
しておくことは重要である．個人情報の保護方針を掲げている企業も多いので，確認しておくと
よい．

9.4.3　マイナンバー法

マイナンバーは行政の効率化や手続きの簡素化，社会保障の公平な給付や税の公平な負担など
を目的に導入された．正式名称は「行政手続における特定の個人を識別するための番号の利用等
に関する法律」で，2013 年に制定され 2016 年に施行された．

国民一人一人に 12 桁の個人番号を振ることで，行政手続きで効率的に個人を特定することが
可能になる．個人番号は社会保障・税・災害対策の分野で法律で定められた範囲でのみ利用する
ことが可能であり，他の目的で利用することは禁止されている．行政機関に提出するため，企業
でも従業員の個人番号を収集し管理する必要が生じるが，個人番号は一般の個人情報よりも管理
を徹底することが求められる．すべての国民が対象であり，行政機関の手続きに必要になるため，
漏えいや紛失がないように管理することが必要である．

9.4.4　不正アクセス行為の禁止等に関する法律

他人の ID やパスワードを不正に取得，保管，漏えいしたり，それらを利用して認証機能を通過
しシステムを利用することを禁止する法律．電子メールで偽りのサイトに誘導し ID やパスワー
ドを搾取する行為は「フィッシング」と呼ばれるが，この法律に違反している．

演　習　問　題

1）情報の CIA は何の略か，以下の中から正しいものを 3 つ選択せよ．
  - a）機密性（confidentiality）
  - b）責任追跡性（accountability）
  - c）信頼性（reliability）
  - d）真正性（authenticity）
  - e）完全性（integrity）
  - f）可用性（availability）
  - g）確実性（certainty）

2）暗号アルゴリズムの危殆化（きたいか）で誤った記述を選択せよ．
  - a）計算機速度の進歩により，既存の暗号アルゴリズムも安全性が低下する．

  b) 強力な暗号アルゴリズムを採用したシステムはずっと安全である.

  c) 暗号アルゴリズム解読方法の研究が進むと, 既存の暗号アルゴリズムも安全性が低下する.

  d) 一般に, 強力な暗号アルゴリズムは暗号化や解読に時間がかかる.

3) 電子署名で正しい記述を選択せよ.

  a) 紙のサインや印章をスキャナでとって電子化したものである.

  b) 電子署名は文書の内容とは関係ないので, 文書を変更しても電子署名は有効である.

  c) 電子署名された文書は, 本人確認と改ざんを検出できる.

  d) 電子署名は共通鍵暗号技術が使われている.

4) 電子認証局で正しい記述を選択せよ.

  a) 公証役場や市役所に設置されていることが多い.

  b) なりすましや事後否認を防止することができる.

  c) 電子認証局は組織ごとに独自に設置する必要がある.

  d) 電子認証局から発行された証明書に有効期限はない.

5) フィッシング行為を禁止する法律で, 最も適当なものを選択せよ.

  a) 改正個人情報保護法

  b) マイナンバー法

  c) 不正アクセス行為の禁止等に関する法律

  d) 電子署名及び認証業務に関する法律

文　　　　献

1) 日本工業規格, JIS Q 27002「情報技術—セキュリティ技術—情報セキュリティマネジメントの実践のための規範」, 2014.

2) 株式会社ディアイティ, セキュリティ調査レポート Vol.3 パスワードの最大解読時間測定【暗号強度別】, 2012. https://www.dit.co.jp/service/security/report/03.html(2019/09/27 参照)

3) 個人情報保護法, 2015. https://www.ppc.go.jp/files/pdf/290530_personal_law.pdf(2019/09/27 参照)

10

情報倫理と知的財産権

10.1 情 報 倫 理

　倫理とは「人倫の道すなわち人としての道」のことであり，道徳の規範となる原理である．また
たここでの道徳とは人の踏み行うべき道のことであり，行為の善悪を判断する基準でもある．し
かしそこには一般の法律的な強制力は伴わず，また個人の内面的な判断によるものが多い．2000
年以降，IT（ICT）の進展とともに関連する法令の整備も進んでいる．情報に関連した重要な法
令は下記の通りである．

　2000 年　不正アクセス行為の禁止等に関する法律施行

　2001 年　特定電気通信役務提供者の損害賠償責任の制限及び発信者情報の開示に関する法律
　　　　　　（プロバイダ責任制限法）公布

　2003 年　個人情報の保護に関する法律公布，一部施行

　このように重要な法律が立て続けに制定されてきてはいるが，急速に発展する技術に追いつい
ていけないのが現実であり，その法律の不備の部分を補完するためモラル教育や情報倫理の啓蒙
活動が行われている．

　ここではサーバ管理者も含め，情報機器や情報ネットワークを利用する人の倫理を情報倫理と
呼んでいる．つまり，コンピュータやネットワークなどの情報システムによる活動を行う際の倫
理である．例えば，情報処理学会の倫理綱領は下記のように記述されている．

　1）他者の生命，安全，財産を侵害しない．

　2）他者の人格とプライバシーを尊重する．

　3）他者の知的財産権と知的成果を尊重する．

　4）情報システムや通信ネットワークの運用規則を遵守する．

　5）社会における文化の多様性に配慮する．

　それまで研究者だけで使われてきたインターネットが 1990 年代初めに商用化され，一般の人
が様々なサービスを受けると同時に発信もできるようになった．これは技術がアナログからデジ
タルに移行している中でも，最も大きなパラダイムシフトを実現したと考えられる．誰もが簡単
に発信ができ，また他人の発信した情報をリアルタイムで受け取ったり，再発信したりできると
いうことは，人類にとって途轍もなく大きなコミュニケーション手段の転換であったといえる．
しかし，インターネット利用が一般化するに従い，負の効果も目立つようになってきた．

　人が嫌がることを行ってはいけないという当然のことが，インターネットでは誰が発信したの

かがわかりにくいという特性を使って，守られないことが目立つようになってきた．社会的な常識とか習慣はこれまで長い時間を使って人々の間に醸成してきたものである．それに比べてインターネットはあっという間に浸透し，影響力も従来のコミュニケーション手段とは比べ物にならないくらい大きく速い．そのため我々はインターネットで受発信するときなどは謙虚に慎重に行動する必要がある．具体的にいくつかを下記に述べる．

違法行為 当然のことながら，インターネット内での行為も法律で縛られる．そこには公序良俗に違反する行為の禁止，人や組織を故意に攻撃して損害を与えることの禁止，名誉棄損行為の禁止などが挙げられる．たとえ悪意を持っていなくても，ともすれば無意識のうちにこれらの違法行為をしてしまうことがあるので気をつけたい．

プライバシーの尊重 自分がされて嫌なことは他人にもしないということがプライバシーの基本である．パーティーで友達の写真を撮って Facebook に上げたとき，その写真に他の人が映りこんでいて訴えられるということもある．

著作権の尊重 著作権などの知的財産権と呼ばれるものはついつい無視しがちである．他の人が著作権を持っている作品を，自分のブログとかホームページに安易にコピーして公衆送信してしまうことはしばしばあるだろう．詳細は次節で説明するが，著作権には様々な例外規定があるので，なかなかきちんと対応することは難しい．自信がないときには，周りのわかる人や先生に聞くのが重要である．

他にも気をつけることは多くあるのだが，そのベースにあるのは「他人に迷惑をかけない」という当たり前のことを守るということである．

10.1.1 情報化社会に振り回されないための対策

これまで述べてきたように，インターネット商用化以降，我々はきちんとデジタル社会に対峙するため様々な努力をしてきた．時間とともに制度も整ってきており，倫理やエチケットも熟成してきているといっていいだろう．またデジタルネイティブな世代の人口が増えてくることにより，旧来の常識とは相容れないことも出てきている．そんななか，最低限気をつけた方がいいことを下記にピックアップしておく．

Web 上の情報を鵜呑みにしない 与えられた情報を鵜呑みにしないで，信憑性を疑うことも必要である．時にはマスメディアによる情報操作や情報ねつ造を用いての誘導などが起こりうる．さらに最近はインターネット上でのフェイクニュースが多いため，それぞれの情報を自分できちんと確かめてから発信することが重要である．

不審なサイトにアクセスしない 違法サイトや有害な情報を含んだサイト，不審なサイトにはアクセスしないよう心掛けよう．知らないうちに予期せぬプログラムを仕掛けられたりする可能性がある．

身体的な影響に配慮しよう VDT（visual display terminal）障害への対策として適度な休憩をとろう．特に長時間のスマホの利用は目だけでなく，身体へのストレスも大きい．また電磁波による健康被害に注意しよう．

精神的な影響にも気をつけよう テクノストレス（テクノ不安症やテクノ依存症），仮想現実感（virtual reality）は知らないうちにスマホ依存症などを引き起こし，それなしでは何

か不安という状態が起こりやすい.

10.1.2　情報リテラシーとデジタルデバイド

情報倫理に関係の深い言葉として, この 2 つのキーワードが挙げられる. 前者は簡単にいうと, コンピュータを正しく扱うことのできる能力あるいは Web などを駆使して自分の欲しい情報を迅速に集めることができるなどこれからの情報社会で求められる能力の総称である. また後者は, 情報社会からともすれば取り残される情報弱者との活用できる情報量の差を表す.

情報需要のためのデバイスがスマホを中心に展開するなか, スマホ操作が得意でない人などから情報格差が社会的・経済的不公平感をもたらしていると感じているという意見はよく出てくる. 我々技術者はこのような状況をよく理解し, できる人だけの情報社会ではなく, そうでない人も保証できるような社会を心がけるべきであろう. デジタルネイティブと呼ばれる, 生まれたときにはすでにインターネットもスマホも存在して, 小さなころから使いこなしている人から見ると, 高齢者がスマホを使いこなせないことが不思議に思うかもしれない. 昔の紙中心, テレビ中心の世界, あるいはアナログの世界ではすべての人が同じような操作で同じ情報を受けていたのだが, 現在は個人ごとに違った, カスタマイズされた情報を扱っていることも事態を複雑化している.

我々はこのような状況を十分に理解した上, 情報弱者に対しても常に考慮する必要がある.

10.2　知 的 財 産 権

「知的財産権」という言葉はなかなか含蓄のある考え方を含んでいる. まず最近よく使われるデジタルコンテンツに対する著作権は, それが無体物, すなわち形を持たない「モノ」に対して, あたかもそれが「モノ」であるかのように財産と言っており, 所有という概念が取り入れられている. 法律は厳密性を担保するために, 時にはこのように常識とは少し違った表現をする.

例えば, 著作権でよく使われる「利用」と「使用」という言葉も要注意である. 法律用語で「利用」という言葉は, そこに「本来の用途以外で役立たせること」というニュアンスがある. 一方「使用」には「本来の用途そのままで使うこと」というニュアンスを含む. 著作権法ではこのように一般の常識とは少し違った, あるいは厳密な意味解釈がされていることを知ることも技術者として重要である.

第 30 条（私的使用のための複製）
　著作権の目的となつている著作物（以下この款において単に「著作物」という.）は, 個
　人的に又は家庭内その他これに準ずる限られた範囲内において使用すること（以下「私
　的使用」という.）を目的とするときは, 次に掲げる場合を除き, その使用する者が複製
　することができる.

というように個人で楽しむコンテンツに関して, その範囲では自由に使える（私的使用）が認められている. これは著作権の目的そのものが「文化の啓蒙」にあるからだ. 一方,「利用」に関しては

第32条（引用）

公表された著作物は，引用して利用することができる．この場合において，その引用は，公正な慣行に合致するものであり，かつ，報道，批評，研究その他の引用の目的上正当な範囲内で行なわれるものでなければならない．

ということで，目的用途以外での使い方を規定している．

このように法律，特に著作権法では「使用」と「利用」の使い方を厳密に区別していることを知っておいて欲しい．

10.3 情報と著作権

知的財産権は図10.1に示したように多岐に分かれる．ここで象徴的な2つの権利が著作権と特許権であろう．この2つの大きな違いはその与えられ方にある．厳密にいえば，特許は審査主義であるのに対し，著作権は無方式主義である．つまり著作権は特許と違い，出願申請や登録などの一切の手続きをすることなく，作品ができた時点で自動的に権利が発生するものである．また著作権は単なる「アイデア」は対象としないのに対し，技術的な「アイデア」は特許として非常に強い独占的な権利が与えられる．

特許は産業財産権あるいは工業所有権の一部である．これは主として産業の健全な発展を目指すためのもので，実用新案権，意匠権，商標権など他者に使われないようにする権利を独占的に取得するものである．商標権に絡んで，最近は企業が取得するドメインネームも類したものとして考えられる．

これに対して自動的に付与される著作権には，著作人格権，著作隣接権や財産権などがある．ここで保護される対象を理解する必要がある．例えば「事実」や「アイデア」は保護されないことに注意しよう．事実が保護されないのはすべての人の共有物であると考えると当然のことと理解できるが，アイデアが保護されないのはどうしてであろうか．もし誰かのアイデアが保護されるのであれば，同じことを考えた人がいる場合，それを証明することが困難である．保護するとなると大きな混乱が起こるであろう．法律上の「著作物」とは，

思想又は感情を創作的に表現したものであつて，文芸，学術，美術又は音楽の範囲に属

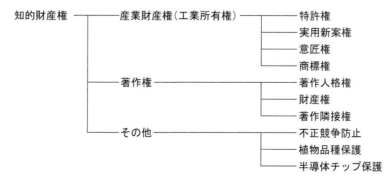

図 10.1　知的財産権の種類

するものをいう.（著作権法 2 条 1 項 1 号）

と規定されている. 感情であってもそれが創作的に表現されたものであれば著作物の対象になる. いくつかの例をみてみよう.

ヤギボールド事件（1983 年）　ヤギボールドなどの「書体」が無断で掲載されたことに対して訴えられた事件である.「書体」は美の表現をメインとする純粋な美術作品とは認められず, また鑑賞の対象でもないということで著作物性は否定された. つまりデザイン書体自体は情報伝達手段を補助するものであり, それをデザインした「書体」は実用のために作られたという解釈である.

数学の論文　命題の解明, 仮定あるいはそれを説明した方程式については著作権法の保護を受けることはできない. なぜなら, 一般的に科学の論文はその実用的な知見を一般に伝達することにより, 他の研究者がさらにその展開を進め科学の発展に寄与するべきものであるからである.

発光ダイオード論文事件（1979 年）　自然法則に則った技術的思想の発明は人類にとっての共通した真理であり, すべての人に自由な利用が許されるべきであるため, 著作権法の保護の対象にならない. もちろん特許は別の話である.

ラストメッセージ in 最終号事件（1995 年）　様々な雑誌の最終号に載せられた文章（例えば,「本誌はこの号でおしまいです. 長い間のご愛読に感謝します」,「（雑誌名）は今号で休刊といたします. ご協力いただきました xx 学会はじめ執筆者の方々, ご愛読いただきました読者の皆様に厚く御礼申し上げます」）を複製し, それらをまとめたものを発行したことに対して訴えられた. これに対し裁判所は, ありふれた表現のものは創作性を欠いているので著作物と認められないという判断をした.

読売新聞記事見出し事件（2005 年）　読売新聞社の運営しているインターネット上の YOL（Yomiuri Online）の見出しに対して, リンク名を見出しそのもので集めたサービスをしていたため, 訴えられたものである. 例えば,

- いじめ苦? 都内のマンションで中 3 男子が飛び降り自殺
- 「喫煙死」1 時間に 560 人
- マナー知らず大学教授, マナー本海賊版作り販売
- ホームレスがアベックと口論? 銃撃で重傷
- 男女 3 人でトンネルに「弱そうな」男性拉致
- スポーツ飲料, トラックごと盗む… 被害 1 億円 7 人逮捕
- E・F さん, 赤倉温泉でアツアツの足湯体験

という短い文である. これは事実の伝達に過ぎないとして著作権法の保護対象とはしなかった.

　情報の関連で考えると, プログラム自体は著作権法による著作物としての保護の対象になっているということだろう. このため「書体」は保護対象にはならないが, それを発生させるフォントはプログラムでできているので保護されることになる.

　(i)　例外規定　　著作権は技術法とも呼ばれるが, 世の中の技術の進歩に沿って頻繁に見直しがされている. これは日本の法律が大陸法と呼ばれるものをベースとして, 英米法の影響も受

けているという混在化されたものであることが影響している．大陸法は，基本的には何を規範とするかをすべて記述した成文法主義がとられている．そのため，法に書かれていないことは基本的には許可されていないことになる．例えば，インターネットで放送を流す IPTV という技術を使ったサービスの実現に当たっては，従来ケーブルテレビのみに許可されていた「同時再送信」の規定を「IP マルチキャスト」を用いたサービスにも許可するという著作権改正が 2007 年にされた．

　著作権の運用に当たっても，文化の啓蒙という目的に則ったことを実現するため多くの例外が著作権法第 30 条以降に規定されている．大学等学校教育における複製（コピー）の許可もその 1 つである．

- 私的使用のための複製（第 30 条）
- 図書館等における複製（第 31 条）
- 引用（第 32 条）
- 教科用図書等への掲載（第 33 条）
- 教科用拡大図書等の作成のための複製等（第 33 条の 2）
- 学校教育番組の放送等（第 34 条）
- 教育機関における複製等（第 35 条）
- 試験問題としての複製等（第 36 条）
- 視覚障害者等のための複製等（第 37 条）
- 聴覚障害者のための自動公衆送信（第 37 条の 2）
- 営利を目的としない上演等（第 38 条）
- 時事問題に関する論説の転載等（第 39 条）
- 政治上の演説等の利用（第 40 条）
- 時事の事件の報道のための利用（第 41 条）
- 裁判手続等における複製（第 42 条）
- 情報公開法等における開示のための利用（第 42 条の 2）
- 国立国会図書館法によるインターネット資料収集のための複製（第 42 条の 3）
- 放送事業者等による一時的固定（第 44 条）
- 美術の著作物等の原作品の所有者による展示（第 45 条）
- 公開の美術の著作物等の利用（第 46 条）
- 美術の著作物等の展示に伴う複製（第 47 条）
- 美術の著作物等の譲渡等の申出に伴う複製等（第 47 条の 2）
- プログラムの著作物の複製物の所有者による複製等（第 47 条の 3）
- 保守，修理等のための一時的複製（第 47 条の 4）
- 送信の障害の防止等のための複製（第 47 条の 5）
- 送信可能化された情報の送信元識別符号の検索等のための複製等（第 47 条の 6）
- 情報解析のための複製等（第 47 条の 7）
- 電子計算機における著作物の利用に伴う複製（第 47 条の 8）

法律のタイトルだけからでも，情報関連の技術が強く影響していることがわかる．

　(ii)　著作権に関してオープンとクローズの議論　　最近，香港において中国からの干渉を嫌う大きなムーブメントが若者を中心に盛り上がっている．そのコミュニケーション手段に使われているのは Twitter である．簡単なメッセージであれだけのパワーを発揮できることに驚いている人も多いだろう．最近の，特に若者を中心とする動きにインターネットは欠かせない．それはチュニジアの民主革命などの政治的なものだけでなく，東日本大震災の際，テレビなどの情報伝達手段が使えなくなった後に大きな役割を果たした．このように情報はコミュニケーションの手段として大きな原動力になっているだけでなく，YouTube などでコンテンツビジネスを盛んにす

る役割を担っている．今やインターネットトラフィックの7割以上が動画になっているといわれている．

このように情報をメッセージを広く簡単に伝えるものと捉えると，それはできるだけ自由に広く使えることが求められる．しかし情報をコンテンツ財として捉えると，権利制御や保護手段などその用途を制限する力が働く．このバランスが現在に突き付けられた課題である．前者がオープン指向であり，インターネットの基本的な考えから発生したものである．これに対し後者はクローズの考え方である．

作成者へのリスペクトを最大限に考慮したシステムが求められている．年々このバランスを実現すべく様々な技術が開発されているが，DRM（digital rights management）など解決されていない問題が山積している．

演 習 問 題

1) 次の文章の中で正しくないものを選択せよ．1つとは限らない．
    a) 著作権を持っている権利者へのリスペクトが最も重要なことで，コピーしてはいけないというだけですべてを判断するのはよくない．
    b) 昔のテレビドラマを友達が望むのでYouTubeにアップした．その結果多くの人から感謝された．特に誰も傷つけていないので問題はないと考えた．
    c) プライバシーの考え方は人ごとに違うので，あまり杓子定規に考える必要はなく，問題が起こってから対応すればよい．
    d) 著作権には多くの例外規定があるので，直感的に大丈夫だと思うものはほぼ対応されていると信じてよい．
    e) Facebookで信頼できる友人がまだ世間に伝えられていない重要な事項を投稿していたので，緊急を要すると思い，できるだけ拡散するようにした．
    f) スマホは今やほとんどの人が所有している便利な機器である．町内会での連絡事項をこれまで紙で行っていたが，環境にも配慮してすべてをメッセージでの案内に変更した．
2) 大学における著作物の取り扱いは，教育関係に対する例外規定（著作権法第35条）で比較的自由に使える．A教授は使いやすい図があったため，その図を含んだ教材を外部からアクセスできる自分のブログにアップした．その際原著作者の許可は例外規定が適用されると思い処理していない．何が問題かを述べよ．
3) デジタルコンテンツの保護はDRMを用いた技術的保護手段が使われているが，適用技術の裏をかいた違法アクセスが頻繁に起こっている．そのため，違法コピーをした人への罰則を非常に重くすればいいという議論がある．この問題点を述べよ．

索　引

MEMO

MEMO

現代社会と情報システム　　　　　　　定価はカバーに表示

2020 年 4 月 5 日　初版第 1 刷

著　者　室 蘭 工 業 大 学
　　　　現代情報学研究会

発行者　朝 倉 誠 造

発行所　株式会社 朝 倉 書 店

東京都新宿区新小川町 6-29
郵 便 番 号　162-8707
電　話　03(3260)0141
ＦＡＸ　03(3260)0180
http://www.asakura.co.jp

〈検印省略〉

Ⓒ 2020〈無断複写・転載を禁ず〉　　　　　中央印刷・渡辺製本

ISBN 978-4-254-12253-4　C 3004　　　Printed in Japan

東京理科大学安全教育企画委員会編

研究のための セーフティサイエンスガイド
—これだけは知っておこう—

10254-3 C3040　　　　B 5 判 176頁 本体2000円

本書は，主に化学・製薬・生物系実験における安全教育について，卒業研究開始を目前にした学部3〜4年生，高専の学生を対象にわかりやすく解説した。事故例を紹介することで，読者により注意を喚起し，理解が深まるよう練習問題を掲載。

産総研 田中秀幸著　産総研 高津章子協力

分析・測定データの統計処理
—分析化学データの扱い方—

12198-8 C3041　　　　A 5 判 192頁 本体2900円

莫大な量の測定データに対して，どのような統計的手法を用いるべきか，なぜその手法を用いるのか，大学1〜2年生および測定従事者を対象に，分析化学におけるデータ処理の基本としての統計をやさしく，数式の導出過程も丁寧に解説する。

福岡大 守田　治著

基礎解説 力　　　　学

13115-4 C3042　　　　A 5 判 176頁 本体2400円

理工系全体対象のスタンダードでていねいな教科書。〔内容〕序／運動学／力と運動／慣性力／仕事とエネルギー／振動／質点系と剛体の力学／運動量と力積／角運動量方程式／万有引力と惑星の運動／剛体の運動／付録

サレジオ学院 青山　均著

秘 伝 の 微 積 物 理

13126-0 C3042　　　　A 5 判 192頁 本体2200円

大学の物理学でつまずきやすいポイントを丁寧に解説。〔内容〕位置・速度・加速度／ベクトルによる運動の表し方／運動方程式／力学的エネルギー保存則／ガウスの法則／電場と電位の関係／アンペールの法則／電磁誘導／交流／数学のてびき

前東北大 滝川　昇・東北工大 新井敏一・中大 土屋俊二著
物理学基礎 1

力　　　　学 [入門編]

13811-5 C3342　　　　B 5 判 168頁 本体2500円

運動の表し方とベクトルの初歩から，力学の基礎的な内容に絞って丁寧に解説する。〔内容〕1次元の運動の表し方／ベクトル／2次元および3次元の運動／力と運動の法則／さまざまな運動／仕事とエネルギー／付録：国際単位系，微分，積分／他

元日赤看護大 山崎　昶著
やさしい化学30講シリーズ 1

溶 液 と 濃 度 30 講

14671-4 C3343　　　　A 5 判 176頁 本体2600円

化学，生命系学科において，今までわかりにくかったことが，本シリーズで納得・理解できる。〔内容〕溶液とは濃度とは／いろいろな濃度表現／モル，当量とは／溶液の調整／水素イオン濃度，pH／酸とアルカリ／Tea Time／他

元日赤看護大 山崎　昶著
やさしい化学30講シリーズ 2

酸 化 と 還 元 30 講

14672-1 C3343　　　　A 5 判 164頁 本体2600円

大学でつまずきやすい化学の基礎をやさしく解説。各講末には楽しいコラムも掲載。〔内容〕「酸化」「還元」とは何か／電子のやりとり／酸化還元滴定／身近な酸化剤・還元剤／工業・化学・生命分野における酸化・還元反応／Tea Time／他

元日赤看護大 山崎　昶著
やさしい化学30講シリーズ 3

酸 と 塩 基 30 講

14673-8 C3343　　　　A 5 判 152頁 本体2500円

大学でつまずきやすい化学の基礎をやさしく解説。各講末にはコラムも掲載。〔内容〕酸素・水素の発見／酸性食品とアルカリ性食品／アレニウスの酸と塩基の定義／ブレンステッド-ローリーの酸と塩基／ハメットの酸度関数／Tea Time／他

元日赤看護大 山崎　昶著
やさしい化学30講シリーズ 4

赤 外 分 光 30 講

14674-5 C3343　　　　A 5 判 144頁 本体2500円

大学でつまずきやすい化学の基礎をやさしく解説。各講末には楽しいコラムも掲載。〔内容〕赤外線の分類／スペクトルの単位／赤外線分光／測定用の装置とガイド／ランベルト・ベールの法則／医学への利用／テラヘルツ分光学／黒体輻射／他

前お茶女大 宮本惠子著
やさしい化学30講シリーズ 5

化 学 英 語 30 講
—リーディング・文法・リスニング—

14675-2 C3343　　　　A 5 判 184頁 本体2400円

化学英語恐るるに足らず。演習を解きながら楽しく化学英語を学ぶ。化学英語特有の文法も解説。〔内容〕リーディング：語彙，レベル別英文読解，リスニング：発音，リピーティングとシャドーイングほか，文法：文型，冠詞，複合名詞ほか

鳥取大 田村篤敬・岡山大 柳瀬眞一郎・岡山大 河内俊憲著

工 学 の た め の 物 理 数 学

20168-0 C3050　　　　A 5 判 200頁 本体3200円

工学部生が学ぶ応用数学の中でも，とくに「これだけは知っていたい」というテーマを3章構成で集約。例題や練習問題を豊富に掲載し，独習にも適したテキストとなっている。〔内容〕複素解析／フーリエ・ラプラス解析／ベクトル解析。

化学工学会監修　名工大 多田　豊編

化　学　工　学 (改訂第3版)
—解説と演習—

25033-6 C3058　　　　A 5 判 368頁 本体2500円

基礎から応用まで，単位操作に重点をおいて，丁寧にわかりやすく解説した教科書，および若手技術者，研究者のための参考書。とくに装置，応用例は実際的に解説し，豊富な例題と各章末の演習問題でより理解を深められるよう構成した。

前宇宙開発事業団 宮澤政文著

宇 宙 ロ ケ ッ ト 工 学 入 門

20162-8 C3050　　　　　A5判 244頁 本体3400円

宇宙ロケットの開発・運用に長年関わってきた筆者が自身の経験も交え，幅広く実践的な内容を平易に解説するロケット工学の入門書。〔内容〕ロケットの歴史／推進理論／構造と材料／飛行と誘導制御／開発管理と運用／古典力学と基礎理論

岡山大 五福明夫著

電 磁 気 学 15 講

22062-9 C3054　　　　　A5判 184頁 本体2700円

工学系学部初級向け教科書。丁寧な導入と豊富な例題が特徴。〔内容〕直流回路／電荷・電界／ガウスの法則／電位／導体／静電エネルギー／磁界／アンペールの法則／ビオ−サバールの法則／ローレンツ力／電磁誘導／マクスウェルの方程式

室蘭工大 永野宏治著

信 号 処 理 と フ ー リ エ 変 換

22159-6 C3055　　　　　A5判 168頁 本体2500円

信号・システム解析で使えるように，高校数学の復習から丁寧に解説。〔内容〕信号とシステム／複素数／オイラーの公式／直交関数系／フーリエ級数展開／フーリエ変換／ランダム信号／線形システムの応答／ディジタル信号／他

前九大 平川賢爾・福岡大 遠藤正浩・鹿児島大 駒崎慎一・九大 松永久生・福岡大 山辺純一郎著

機 械 材 料 学（第2版）

23146-5 C3053　　　　　A5判 240頁 本体3500円

機械工学系学生と技術者向け機械材料入門書。〔内容〕機械材料と工学／原子構造と結合／結晶構造／結晶欠陥と拡散／状態図／金属の強化法／工業用合金／金属の機械的性質／金属の破壊と対策／セラミック材料／高分子材料／複合材料

東洋大 窪田佳寛・東洋大 吉野 隆・東洋大 望月 修著

きづく！つながる！ 機 械 工 学

23145-8 C3053　　　　　A5判 164頁 本体2500円

機械工学の教科書。情報科学・計測工学・最適化も含み，広く学べる。〔内容〕運動／エネルギー・仕事／熱／風と水流／物体周りの流れ／微小世界での運動／流れの力を制御／ネットワーク／情報の活用／構造体の強さ／工場の流れ，等

東北大 成田史生・島根大 森本卓也・山形大 村澤 剛著

楽しく学ぶ 材 料 力 学

23144-1 C3053　　　　　A5判 152頁 本体2300円

機械・材料・電気系学生のための易しい材料力学の教科書。理解を助けるための図・イラストや歴史的背景も収録。〔内容〕応力とひずみ／棒の引張・圧縮／はりの曲げ／軸のねじり／柱の座屈／組み合わせ応力／エネルギー法

広島大 佐伯正美著
機械工学基礎課程

制 御 工 学
—古典制御からロバスト制御へ—

23791-7 C3353　　　　　A5判 208頁 本体3000円

古典制御中心の教科書。ラプラス変換の基礎からロバスト制御まで。〔内容〕古典制御の基礎／フィードバック制御系の基本的性質／伝達関数に基づく制御系設計法／周波数応答の導入／周波数応答による解析法／他

中井善一編著 三村耕司・阪上隆英・多田直哉・岩本 剛・田中 拓著
機械工学基礎課程

材 料 力 学

23792-4 C3353　　　　　A5判 208頁 本体3000円

機械工学初学者のためのテキスト。〔内容〕応力とひずみ／軸力／ねじり／曲げ／はり／曲げによるたわみ／多軸応力と応力集中／エネルギー法／座屈／軸対称問題／骨組み構造（トラスとラーメン）／完全弾性体／Maximaの使い方

神戸大 中井善一・摂南大 久保司郎著
機械工学基礎課程

破 壊 力 学

23793-1 C3353　　　　　A5判 196頁 本体3400円

破壊力学をわかりやすく解説する教科書。〔内容〕き裂の弾性解析／線形破壊力学／弾塑性破壊力学／破壊力学パラメータの数値解析／破壊靱性／疲労き裂伝ぱ／クリープ・高温疲労き裂伝ぱ／応力腐食割れ・腐食疲労き裂伝ぱ／実験法

広島大 松村幸彦・広島大 遠藤琢磨編著
機械工学基礎課程

熱 力 学

23794-8 C3353　　　　　A5判 224頁 本体3000円

機械系向け教科書。〔内容〕熱力学の基礎と気体サイクル(熱力学第1，第2法則，エントロピー，関係式など)／多成分系，相変化，化学反応への展開(開放系，自発的状態変化，理想気体，相・相平衡など)／エントロピーの統計的扱い

神戸大 冨山明男編
機械工学基礎課程

流 体 力 学

23795-5 C3353　　　　　A5判 180頁 本体3000円

流体力学の基礎から発展的内容までをわかりやすい言葉で解説。演習問題と解答付き。〔内容〕流体の基本的性質／流れの記述法／並行平板間層流／ダルシー−ワイスバッハの式／流体機械概論／揚力と循環／層流と乱流／流線と流れの関数／他

阪大 山下弘巳・京大 杉村博之・熊本大 町田正人・大阪府大 齊藤丈靖・近畿大 古南 博・長崎大 森口 勇・長崎大 田邊秀二・大阪府大 成澤雅紀他著

熱 力 学 基礎と演習

25036-7 C3058　　　　　A5判 192頁 本体2900円

理工系学部の材料工学，化学工学，応用化学などの学生1〜3年生を対象に基礎をわかりやすく解説。例題と豊富な演習問題と丁寧な解答を掲載。構成は気体の性質，統計力学，熱力学第1〜第3法則，化学平衡，溶液の熱力学，相平衡など。

高橋麻奈著

ここからはじめる 統計学の教科書

12190-2 C3041　　　　A 5 判 152頁 本体2400円

まったくの初心者へ向けて統計学の基礎を丁寧に解説。図表や数式の意味が一目でわかる。〔内容〕データの分布を調べる／データの「関係」を整理する／確率分布を考える／標本から推定する／仮説が正しいか調べる（検定）／統計を応用する

前東北大 丸岡　章著

情報トレーニング
—パズルで学ぶ，なっとくの60題—

12200-8 C3041　　　　A 5 判 196頁 本体2700円

導入・展開・発展の三段階にレベル分けされたパズル計60題を解きながら，情報科学の基礎的な概念・考え方を楽しく学べる新しいタイプのテキスト。各問題にヒントと丁寧な解答を付し，独習でも取り組めるよう配慮した。

河西宏之・北見憲一・坪井利憲著

情報ネットワークの仕組みを考える

12202-2 C3041　　　　A 5 判 168頁 本体2500円

情報が送られる／届く仕組みをわかりやすく解説した入門書・教科書。電話や電子メール，インターネットなど身近な例を挙げ，情報ネットワークを初めて学ぶ読者が全体像をつかみながら学べるよう配慮した。

京大 岩間一雄著

アルゴリズム理論入門

12203-9 C3041　　　　A 5 判 200頁 本体3300円

学部の専門科目でアルゴリズムや計算量理論を学ぶ人を対象とした入門書。事前の知識を前提せず，高校生でも問題なく理解できる構成となっている。「ちょっと面白い話」を多数挿入し，通読しやすくするために平易な記述に努めた。

東北大 木下哲男著

人工知能と知識処理

12204-6 C3041　　　　A 5 判 192頁 本体2600円

人工知能の初学者を対象に，人工知能の基礎的な概念や手法に焦点を絞って解説した学部生向け教科書。本書では，とくに人工知能研究から生み出されてきた様々なアイディアを探り活用してゆくための糸口が豊富に提供されている。

首都大 福本　聡・首都大 岩崎一彦著

コンピュータアーキテクチャ（第2版）

12209-1 C3041　　　　A 5 判 208頁 本体2900円

モデルアーキテクチャにCOMET IIを取り上げ，要所ごとに設計例を具体的に示した教科書。初版から文章・図版を改訂し，より明解な記述とした。サポートサイトから授業計画案などの各種資料ををダウンロードできる。

前北里大 鶴田陽和編著

演習でまなぶ 情報処理の基礎

12222-0 C3041　　　　A 5 判 208頁 本体3000円

パソコンの基本的な使い方を中心に計算機・Webの仕組みまで，手を動かしながら理解。学部初年級向け教科書。〔内容〕コンピュータ入門／電子メール／ワープロ／表計算／プレゼン／HTML／ネットワーク／データ表現／VBA入門／他

九州工業大学情報科学センター編

デスクトップ Linuxで学ぶ コンピュータ・リテラシー（第2版）

12231-2 C3041　　　　B 5 判 304頁 本体3000円

情報処理基礎テキスト（UbuntuによるLinux-PC入門）。自宅PCで自習可能。Ubuntuのバージョンを更新。〔内容〕Linuxの基礎／エディタ，漢字入力／メール，Web／図の作製／LaTeX／Linuxコマンド／簡単なプログラミング／仮想環境／他

統計科学研 牛澤賢二著

やってみよう テキストマイニング
—自由回答アンケートの分析に挑戦！—

12235-0 C3041　　　　A 5 判 180頁 本体2700円

アンケート調査の自由回答文を題材に，フリーソフトとExcelを使ってテキストデータの定量分析に挑戦。テキストマイニングの勘所や流れがわかる入門書。〔内容〕分析の手順／データの事前編集／形態素解析／抽出語の分析／文書の分析／他

筑波大 手塚太郎著

しくみがわかる深層学習

12238-1 C3004　　　　A 5 判 184頁 本体2700円

深層学習（ディープラーニング）の仕組みを，ベクトル，微分などの基礎数学から丁寧に解説。〔内容〕深層学習とは／深層学習のための数学入門／ニューラルネットワークの構造を知る／ニューラルネットワークをどう学習させるか／他

慶大 河野健二著
情報科学こんせぷつ 5

オペレーティングシステムの仕組み

12705-8 C3341　　　　A 5 判 184頁 本体3200円

抽象的な概念をしっかりと理解できるよう平易に記述した入門書。〔内容〕I／Oデバイスと割込み／プロセスとスレッド／スケジューリング／相互排除と同期／メモリ管理と仮想記憶／ファイルシステム／ネットワーク／セキュリティ／Windows

---

前明大 中所武司著
情報科学こんせぷつ 7

ソフトウェア工学（第 3 版）

12714-0 C3341　　　　A 5 判 160頁 本体2600円

ソフトウェア開発にかかわる基礎的な知識と"取り組み方"を習得する教科書。ISOの品質モデル，PMBOK，UMLについても説明。初版・2版にはなかった演習問題を各章末に設定することで，より学習しやすい内容とした。